中等职业教育通用基础教材系列

ZHONGZHISHENG SHIYONG LIYI

主　编◎李　娌

中职生实用礼仪

中国人民大学出版社

·北京·

图书在版编目（CIP）数据

中职生实用礼仪/李娌主编．--北京：中国人民大学出版社，2019.10
中等职业教育通用基础教材系列
ISBN 978-7-300-27484-3

Ⅰ.①中…　Ⅱ.①李…　Ⅲ.①礼仪－中等专业学校－教材　Ⅳ.①K891.26

中国版本图书馆 CIP 数据核字（2019）第 209414 号

中等职业教育通用基础教材系列
中职生实用礼仪
主编　李　娌
Zhongzhisheng Shiyong Liyi

出版发行	中国人民大学出版社		
社　　址	北京中关村大街 31 号	**邮政编码**	100080
电　　话	010－62511242（总编室）		010－62511770（质管部）
	010－82501766（邮购部）		010－62514148（门市部）
	010－62515195（发行公司）		010－62515275（盗版举报）
网　　址	http：//www.crup.com.cn		
经　　销	新华书店		
印　　刷	天津鑫丰华印务有限公司		
规　　格	185 mm×260 mm　16 开本	**版　　次**	2019 年 10 月第 1 版
印　　张	13.25	**印　　次**	2022 年 5 月第 4 次印刷
字　　数	230 000	**定　　价**	29.00 元

前　言

当前我国职业教育对学生综合职业素养教育的重视程度不够，还存在着重技能轻素质、重理论轻实战的问题，导致学生职业素养意识薄弱。本教材以“提高中等职业学校学生礼仪修养，加强学生职业素养和行为养成”为定位，结合中等职业学校学生的心理特点和年龄特点编排内容，并有意识地贯彻落实教育部关于《完善中华优秀传统文化教育指导纲要》中的精神，把中华优秀传统文化教育系统融入课程和教材体系，使学生在获取知识的同时，提升对中华优秀传统文化的认同和自信。

本教材具有以下特点：

1. 以中华优秀传统文化为引领。选择历史上的道德榜样，引领学生形成理想人格。

2. 案例导入，讲练结合。编者编写和引用了许多有代表性的案例，结合职业岗位工作实际情况，配合每一章的知识目标和技能目标，启发学生心智，提高实践能力。

3. 配备立体化资源。为了配合教学工作，教材编写组精心制作了微课视频及教学课件，从而方便学生学习和教师教学。

4. 习题拓展性强。本教材重视学习之后的活动与体验，以练习题、情境表演、演讲等多种形式，凸显体验、感悟和实践，提升学生的礼仪修养。

本教材由李娌任主编，负责编写第四章、第五章及全书统稿校对工作；由王梓和王丹琪任副主编，其中王梓负责编写第一章、第二章，王丹琪负责编写第三章。

最后，十分感谢中国人民大学出版社李剑编辑在本教材出版过程中的辛苦指导和付出。教材编写中引用或借鉴了同行专家和学者的观点及相关内容，不能一一致电或函谢，在此一并表达谢意和歉意！

编者

2019 年 8 月

前言

目录

CONTENTS

第一章

礼仪概论

知识目标

- 了解礼仪的起源
- 掌握礼仪的含义
- 掌握礼仪的功能和原则

技能目标

- 懂得如何学好、用好礼仪
- 通过实训，掌握社交礼仪的学习方法

第一节 礼仪的起源

他山之石

传说明代初期，菲律宾有一位国王来中国朝拜，因病在中国逝世，他临终前要求死后葬在中国，因为中国是个礼仪之邦。公元 13 世纪初期，意大利旅行家马可·波罗曾盛赞中国是“东方的天堂”。他的游记发表后，西方人开始了解东方，了解中国。在欧洲人眼中，中国是个物产丰富、文明昌盛的国度，是他们心目中的天堂。

的确，在世界上许多民族还没有形成的时候，我们的祖先就创造了光辉灿烂的文明。中国曾被外国人称为君子之国，其文明礼仪受到世人的敬仰。

资料来源：刘小清．现代营销礼仪．2 版．大连：东北财经大学出版社，2006.

小组讨论：

读了此资料后，同学们有什么感想？大家都来发表一下意见。

一、礼仪的产生

人类几千年的发展史，是一部由蒙昧走向文明的进步史。礼仪就是人类文明的标志之一。作为社会经济、文化发展到一定阶段的产物，礼仪自产生以来就不断随着社会生产力的发展、人际交往的扩大、人类思维能力的提高和审美观念的变化而发展变化着。

礼起源于原始社会的祭祀活动。远古时代，人们在自然界觅食和栖身，由于对自然界还没有规律性的深刻认识，所以感到大自然强大无比、神秘莫测，是不可预见与控制的，是令人敬畏的。因此，在礼的产生阶段，礼的行为指向主要是大自然（也包括人类本身）

的自然物或自然现象。

随着人类的进化，在与大自然的斗争中，人们提升了对它的认识，认为自然界中一切恐怖的力量都是由某种神灵主宰着，因此由敬畏自然力量发展到崇拜主宰自然力量的神灵，有了图腾崇拜。礼的行为指向成为主宰自然力量的神，敬神成了礼的特征。后来，人们又把沿袭下来的一系列传统风俗习惯，当作全体氏族成员在生产、生活各领域内应遵守的规范，礼的内容和形式大大丰富。比如，新石器时代半坡氏族的人们在家族集会议事时，就有男左女右席地就座，老人坐上边、小辈坐下边的礼仪。礼的变化反映了人类的发展与进步。

国家产生后，“礼”的发展达到了一个新的阶段。社会的进步使人们由对自然力的崇拜转向对人类自身的关注与崇拜，将对天地神灵的祭祀礼仪导入人际关系。因此，礼的内容和形式发生了本质的变化，从原始的图腾宗教意识发展成一整套的伦理道德观念。由个人之间日常交往的礼节延伸到社会生活的各个方面，甚至扩展到政治领域，许多不成文的习惯逐渐演变成具体的条文规定，并打上阶级的烙印。

中国历史名人故事

程门立雪

【传统故事】福建将乐县有个叫杨时的进士，特别喜好钻研学问，到处寻师访友，曾就学于著名学者程颢门下。程颢去世后，他又投至其弟程颐门下。杨时那时已四十多岁，学问也相当高，但他仍谦虚谨慎、不骄不躁、尊师敬友，深得程颐的喜爱。一天，杨时同一起学习的游酢向程颐请教学问，却不巧赶上老师正在屋中打盹儿。杨时便劝告游酢不要惊醒老师，于是两人静立门口，等老师醒来。一会儿，天空飘起鹅毛大雪，越下越急，杨时和游酢却还立在雪中。游酢实在冻得受不了，几次想叫醒程颐，都被杨时拦住了。程颐一觉醒来，才发现门外的两个雪人！他深受感动，更加尽心尽力教杨时。杨时不负众望，终于学到了老师的全部学问。之后，他回到南方传播程氏理学，建龟山书院，被后人誉为“闽学鼻祖”。后人用“程门立雪”来形容尊师重道，恭敬求教。

【名家介绍】杨时（1053—1135），字中立，南剑州将乐（今属福建）人。北宋哲学家、文学家，熙宁年间进士。先后学于程颢、程颐，同游酢、吕大临、谢良佐并称程（颢、颐）门四大弟子，又与罗从彦、李侗并称为“南剑三先生”。晚年隐居龟山，世称龟山先生。

【学习感悟】杨时学有所成，谨遵师训，以礼乐教化百姓，使人们遵守礼仪，得到了世人的高度评价。青少年应当学习他的学以致用，使知识的价值得到充分体现，把学到的知识真正运用到生活中去。这样不但能充实自己，还能造福社会，这也是实现治学明礼、尊师重道的终极意义。

二、礼仪在中国的发展

我国的礼仪自成体系，具有浓厚的民族特色，在中华民族传统文化中占有重要地位。在社会历史发展进程中，它伴随社会性质的变革也曾发生过多次重大的变革。

西周时期，周公集“礼”之大成，提出一系列礼制。通常认为传世的《周礼》和《仪礼》就是周公的遗典，它们与《礼记》合称为“三礼”。周公丰富了礼的内容，提高了礼的境界。虽然周礼有建立秩序、确立等级，树立君主的尊严和绝对权威，以维护政治统治的目的，但同时它也体现了人类希望建立一种和睦的人伦关系，一种稳定的社会秩序的愿望与能力。

春秋时期，孔子以“仁”丰富了礼的内容。“仁”的内涵，是德与礼的综合。在中国文化中占主导地位的儒家文化，以“礼”为核心，构建了完整的伦理、道德行为规范和政治行为规范。礼仪发展的意义正如《曲礼上》所说：“鹦鹉能言，不离飞鸟；猩猩能言，不离禽兽；今人而无礼，虽能言，不亦禽兽之心乎！……是故圣人作，为礼以教人，使人以有礼，知自别于禽兽。”以礼作为自我约束的规范，明确人区别于禽兽的特质，体现了中国古代文明的巨大进步。

其后，历代封建王朝的统治阶级都崇尚儒家主张的“礼治”，沿袭周礼，并根据统治的需要，不断加以修改、补充和完善。礼仪逐渐成为无所不包的社会生活总则，它融思想准则、政治经济制度、道德、习俗于一体，强有力地规范着人们的生活行为、道德追求与是非善恶观念，成为维护等级社会等级秩序的准则。

盛唐时期，礼仪随着文化的兴盛繁荣而发达起来，封建统治者不仅推崇礼教，还把《仪礼》《礼记》等著作升格为经书。宋代是封建礼教发展的又一高峰，出现了程朱理学，礼仪也向家庭迅速扩延。明朝时，朱元璋大力推崇礼教，使举国礼化，制定了祭祖、祭天、祈年等仪式规程，明确了君臣之礼、尊卑之礼、交友之礼等社会活动规范，形成了政治统治所需要的一系列礼仪。同时，家礼向深层发展，详细规定了家庭成员及亲属间各种相互关系的礼仪礼节。清代，统治者很快接受了汉族的礼制，并在广度和深度上有所拓展。

总之，在长期的封建统治下，礼制中的等级观念越来越被强化，礼的治国安邦的功能越来越被强调，礼渐渐成为统治者维护自身地位和权益的有力工具，成为他们制约人性、限制民众自由的统治手段。可见，传统礼仪在陶冶人的道德情操，促进社会稳定、国家统一等方面的确有不可磨灭的历史功绩，中国古代文明传承几千年而不曾中断，与礼仪文化的强大凝聚力是密不可分的。但是传统礼仪文化的本质是维护等级制，所以它才成为封建统治阶级实行思想专制、巩固统治的理论武器。礼仪文化从周礼的“礼仪三百”“威仪三千”，发展成“三纲五常”“三从四德”等一系列封建礼仪教条，它的消极作用也越来越突出。我国封建社会的历史如此漫长，封建思想如此顽固不化，和盘根错节的封建礼制不无关系。所以，随着社会的进步，五四时期进步的思想家们激烈抨击礼教，其原因就在于封建礼制从根本上扼杀了中华民族的蓬勃生机和活力。

知识库

握手礼的起源

关于握手礼的起源，常见的说法有两种。一种说法是，在原始社会人们不仅在狩猎或战争中手持武器，甚至在日常交往时，手上也常常拿着石块、棍棒等“武器”以防不测。当人们在路上遇到不属于自己部落的陌生人时，如果双方都没有恶意，就会主动放下手中的“武器”，双手伸开让对方摸掌心，表示自己手中没有藏着什么武器，以此来证实自己的亲善、友好。后来便演变为握手礼。

还有一种说法，在中世纪，当骑士格斗势均力敌时，作为和解的表示，双方会把平时持剑的右手伸向对方，证明手中没有武器，相互握手言和。

资料来源：闫秀荣．现代人际交往中的实用礼仪．北京：中国物资出版社，2011.

第二节 礼仪的含义与结构

他山之石

张良在博浪沙椎击秦始皇未成，逃亡至下邳。一天漫步在桥上，见一穿着十分寒酸的老人挡道，张良出于尊老而欣然让路。老人故意将鞋掉落桥下，叫张良下桥拾鞋。起始张良未免恼怒，但转而一想对方年长，应尊敬而礼让，所以他下桥拾鞋，拂去灰尘，跪下给老人穿好。老人有些感动，约张良五天后一早原地见面。五天后，张良天刚亮就去赴约，老人已在桥头。他愤愤地把张良指责了一通，约张良过五天再来。五天后，张良四更鸡鸣就去了，无奈还是在老人之后，又遭了一顿骂。第三次，张良半夜就等在桥头，终于比老人早了一点，老人见后欣欣然："孺子可教矣。"于是，送给张良兵书《太公兵法》。张良觉得这部书非同寻常，经常学习、诵读它。张良后来辅佐汉高祖刘邦，立下了汗马功劳。

小组讨论：

张良成为一代历史名人有诸多原因，从这个案例看，其中最重要的是什么呢？

一、礼仪的含义

甲骨文中即有"礼"字，其本意是"敬神"，引申为尊敬、崇敬。所以说，"礼"源于祭，立于敬，目的是祈福。"仪"，本意指"竖立的木柱"，引申为形式，包括礼节、仪式以及容貌、举止等。"礼仪"二字合起来的本意就是指敬神祈福的法度、准则、方式，引申为以审美的方式表达尊敬之意。人们在不同的场合，针对不同的对象，以不同的形式和程度，把内心对他人、组织、社会、自然、民族、国家的尊敬之情，通过美好的仪容、仪式表达出来，就是礼仪。

礼仪从祭祀起源，逐渐演化成人们交往中的礼节形式。随着社会的发展和时代的进步，礼仪的内容也在不断丰富着、变化着，以适应新形势下的新要求。今天，中华传统礼仪融合西方礼仪形成了中国现代礼仪。它是人与人之间、人与社会集体之间、社会集体与社会集体之间，在交往中约定俗成的，表达相互间尊重、敬意和友善等情感的，以建立和谐关系为目的的行为准则、仪式程序和各种要求的总和。

简言之，礼仪从广义上讲，指的是一个时代的典章制度；从狭义上讲，指的是人们在交往中的秩序、方式以及实施交往时外在表象方面的规范。

二、礼仪与礼貌、礼节

了解礼貌、礼节的含义和礼仪、礼貌、礼节之间的关系，能够更完整、更准确地把握礼仪的概念及本质属性。

礼貌是指人们的言语和动作谦虚、恭敬、友好的表现。它体现在遵守秩序、言必有信、尊老敬贤、待人和气、仪表端庄和讲究卫生等方面。礼貌的主要内容和基本要求总是与一定时期内社会所倡导的道德准则相一致，它体现了时代的风格与道德水准，反映着人们的文化层次与文明程度。礼貌是礼仪的基本内容和重要表现，是文明交往的起码要求。

礼节是指人们在日常生活中，特别是在社交场合，相互间表示问候、致意、祝颂等所惯用的规则和形式。礼节是礼貌的具体表现方式，它渗透在社会生活的各个方面，是约定俗成的。

礼仪、礼貌、礼节具有共性，都与“礼”有关，本质上都是尊敬、友好地待人。但它们又有差异，礼貌是礼的静态风范，多指个人的言语、行为，侧重于表现个人的品质与素养；礼节是礼的具体表现形式，具有操作性和程式化的特点；礼仪的内涵则更深、更广，它不像礼节那样只是一种做法，而是一个表示礼貌的系统、完整的过程。礼仪、礼貌、礼节之间是相互联系、相互制约、相辅相成的关系。

三、礼仪的结构

礼仪由礼仪意识、礼仪行为和礼仪习惯共同构成，三者缺一不可。

礼仪意识是指对礼仪和礼节的观念认知。具备礼仪意识的个体，往往能够表现出“利他”的价值认知取向，以及尊重他人、为社会公众服务的行为倾向。反之，缺乏礼仪意识的个体，多数情况下只能表现出“利我”的价值认知取向，以及以个人利益为目的的个人行为倾向。

礼仪行为是指个体将自身的礼仪意识外显的过程。因此，礼仪行为是礼仪意识的具体表现，是个体与社会群体在日常生活中的外在行为规范。

礼仪习惯是指人们在自身的礼仪意识长期沉淀和积累，以及自身的礼仪行为长时间固化的基础之上形成的一种秩序。

由此可见，礼仪习惯的形成离不开礼仪行为的长期固化，而礼仪行为的表现又离不开礼仪意识的长期沉淀和积累。只有培养好自身的礼仪意识，才能够外显出良好的礼仪行为，最终养成优秀的礼仪习惯。

知识库

鸣放礼炮的礼节

鸣放礼炮源于英国。400 多年前英国海军用的是火炮，战舰进入友好国家的港口之前，或在公海上与友好国家的舰船相遇时，为了表示没有敌意，便把船上大炮内的炮弹都放掉，对方也同样做以表示回报。这种做法后来就逐渐成为互致敬意的一种礼仪。由于当时最大的战舰装有大炮 21 门，所以鸣炮 21 响就成了一种最高礼节。鸣放次数与战舰级别（装炮门数）相当。21 响为最高，以下依次为 19、17、15、13 响。据说当时认为双数不吉利，因此，舰炮都是单数，而现在已没有这样的忌讳。

21 响是国家元首享有的礼遇，1875 年美国对总统首次正式采用这一礼仪。我国从 1961 年 6 月正式采用这种外交礼仪，当时是为欢迎印度尼西亚总统苏加诺第二次来我国访问。后来，我国多年停止鸣放礼炮。自 1984 年 3 月起，恢复为外国国家元首和政府首脑举行欢迎仪式时鸣放礼炮。

资料来源：中国礼仪网．(2009-01-23) [2019-03-02].

开国大典上的 28 响礼炮

1949 年 10 月 1 日，中华人民共和国开国大典鸣礼炮 28 响。按国际惯例，重大典礼最高的礼仪是鸣礼炮 21 响，为什么新中国开国大典要鸣礼炮 28 响？各种猜测纷纷出现。

美国人说，中国共产党历尽千难万险最终取得胜利，这使毛泽东对中国共产党产生了炽热的情感，“共”字由“廿”和“八”组成，即28，这就是鸣礼炮28响的原因。

苏联人认为，中国自古有28星宿之说，毛泽东也有28位功臣代表着千千万万参加革命的人民，礼炮是向以28位功臣为代表的革命人民致敬。

日本人认为，毛泽东对《周易》很有研究，那28响礼炮寓有“二八”之意，“二”即阴阳二仪，“八”便是八卦之八，它们是中国传统文化之精髓。

1972年，美国总统尼克松访华时，向周恩来总理问起“28响”是什么意思。周恩来说，当时毛主席定了要鸣礼炮28响，他就照此安排了，至于是什么意思，他也未问毛主席。尼克松问周恩来是怎样理解的，周恩来说，毛泽东主席在开国大典之前曾说中国共产党已经28岁了，28年来我们取得了革命战争的胜利，但是我们的事情还有很多，就像万里长征走完了第一步。说完，周恩来问尼克松：“我用主席这段话作为我对‘28响’的理解，您看可以吗?”尼克松不满足地说：“我想得到它的标准答案。”周恩来说：“那就请阁下亲自问主席吧。”但尼克松与毛泽东会见时，没有提及此事。

毛泽东做事确实有他的独特见解和思路：1949年9月21日政协第一次会议开幕时，鸣放礼炮54响，这是代表参加政协会议的54个单位。当年开国大典筹委会的唐水健起草鸣放礼炮说明时，写的就是28响代表中国共产党诞生28年，毛泽东看过后立即签了名，说明他认可这个说法。

资料来源：新华网．（2008-03-13）[2019-03-02]．

第三节 礼仪的功能与原则

他山之石

唐朝贞观年间，西域回纥国的首领为表示对唐王朝的拥戴，派缅伯高作为特使前往长安向太宗进献一只珍稀的天鹅。路过沔阳河边时，缅伯高见天鹅伸长脖子，张着嘴巴，吃力地喘息着，于是心生不忍，打开笼子，把天鹅带到水边让它喝了个痛快。谁知天鹅喝足水之后扑扇翅膀飞上了天！缅伯高向前一扑，仅仅是抓到几根羽毛，却没能抓住天鹅，眼睁睁看着天鹅飞得无影无踪。

缅伯高急得顿足捶胸，号啕大哭。随从说："已经飞走了，哭也没有用，还是想想补救的方法吧。"缅伯高一想，也只能如此了。到了长安，缅伯高拜见唐太宗，并献上礼物。唐太宗见是一个精致的绸缎小包，便令人打开，一看是几根鹅毛和一首小诗。诗曰："天鹅贡唐朝，山高路途遥。沔阳河失宝，倒地哭号啕。上复圣天子，可饶缅伯高。礼轻情意重，千里送鹅毛。"唐太宗感到莫名其妙，缅伯高随即讲出事情原委。唐太宗知晓后连声说："难能可贵！难能可贵！千里送鹅毛，礼轻情意重！"

小组讨论：

这则故事给我们带来怎样的启示？

一、礼仪的功能

古人云："不学礼，无以立。"礼仪在人们的自我完善和社会交往中起着重要作用，并具有如下功能。

（一）规范行为

礼仪具有规范和约束的功能。孔子说："非礼勿视，非礼勿听，非礼勿言，非礼勿动"，即强调了礼仪的规范性。

礼仪作为社会确定的行为规范，不断地支配或控制着人们的交往行为。在一切交际活动中，每一位参与者不仅自觉、自愿地用礼仪来约束自己的言行举止，而且用礼仪来衡量和判断他人。任何人，不论身份高低、职位大小、财富多寡，其行为符合礼仪要求，就被人们所认可，反之就会受到否定甚至指责。因此，一个人要想在交际场合表现得彬彬有礼，赢得他人的好感和尊重，就必须无条件地按照礼仪规范去做。如果别出心裁，另搞一套；或根据个人好恶，遵守这部分而不遵守那部分，则难以为他人理解和接受。因此，当我们要进入某一地域时，必须首先了解那里的习俗和行为规范——毕竟一个国家有一个国家的风俗，一个民族有一个民族的习惯，一个行业有一个行业的礼节仪式，并按照这样的习俗和规范来约束自己的言行。

礼仪作为一种规范，在社会生活中起着越来越大的作用。它帮助人们约束自我、尊重他人，互相理解与合作，正确地认识和处理个人和他人以及社会的关系，自然地表现出良好的社会道德和职业道德，从而创造出和谐温暖的人际关系和社会环境。

（二）协调关系

礼仪以建立和谐的人际关系为目的，具有协调人际关系的功能。

礼仪是人们社会交往的产物，反映着人需要交往也离不开交往的社会属性，并以自己特有的功能维系、深化和推动着交往，使人与人的交往日趋进步和文明。作为一种润滑剂，礼仪除了可以使个人在交往活动中充满自信、胸有成竹、处变不惊外，还能帮助个人艺术地处理各种复杂关系，更好地向对方表达自己的尊重、敬佩、友好与善意，增进彼此的了解与信任，密切和升华情感。所以，礼仪能使已有的往来继续保持和发展，还能让人们结交更多的朋友和合作伙伴。无数事实都证明：重礼仪的人会获得更为和谐而完美的人际关系，得到别人更多的关心、爱护、温暖、友情与尊重，这对一个人的一生显然是大有助益的。反之，不谙礼仪则会影响相互关系，带来误解、麻烦或不好的影响。

（三）提高修养

礼仪是一种修养，是道德的外在表现形式。它具有提高修养的功能。

礼仪修养是指人们为了达到一定的社交目的，按照礼仪规范要求，并结合自己的实际情况，在礼仪品质、意识等方面所进行的自我锻炼和自我改造。在礼仪的学习和运用中，人们通过自身的努力，把良好的礼仪规范标准化为个人的一种自觉自愿的能动行为，就是一个不断提高自身修养的过程。在这个过程中，人们会自觉克服自身不良的行为习惯，不断修身养性，提高个人素质，体现自身价值。

正如英国哲学家约翰·洛克所说的那样，礼仪使美德变得对人更有效用，没有礼仪，无论什么美德都会变样。在人际交往中，礼仪也是衡量一个人文明程度的准绳。我们从一个人运用礼仪的程度，可以体察到其修养的好差、素质的高低。因为一般而言，人们的修养反映其素质，而素质又体现于细节。也就是说，一个人的修养怎样、素质如何，完全能通过他在不同场合的仪容仪表、言谈举止淋漓尽致地反映出来。所以，从这个意义上讲，我们要表现出自己较高的素质和良好的修养，就必须学好和用好礼仪。

（四）道德教育

礼仪具有道德教育的功能。除了以上所涉及的自我教育外，礼仪还是社会教育的手段。

礼仪是人际交往中互相尊重、联络感情、增进友谊的行为，也是一种道德。我国大力加强公民道德建设，“明礼”就是其中的重要内容之一。约翰·洛克在《教育漫话》中也说，对于人来说，首要的品德是礼仪，礼仪使品德能够放射出耀目的光彩。的确，礼仪修养作为道德养成的重要内容，不仅反映着一个人的交际技巧与应变能力，更反映着一个人的气质风度、阅历见识、道德情操、精神风貌。

礼仪的教育功能在于它能够把某种公认的价值体系、行为准则灌输到个人的意识与行为中，使其形成相应的礼仪观念与礼仪习惯，形成讲求礼仪的精神品质与人格。近些年来，由于在一定程度上忽视了礼仪教育以及受一些不良风气的影响，不少青少年，其中也包括一些本应知书达理的大学生，缺乏礼仪常识，所以在社会中甚至在大学校园里出现了不少与礼仪相悖的现象。这些现象如果任其发展下去，不仅会影响青少年本人的生活和事业，更会影响良好的育人环境，所以让礼仪教育走进校园是非常必要的。因为礼仪教育也是一种素质教育，一种人格教育，它在教育体系中应该也必须占有重要的地位。

（五）塑造形象

礼仪具有塑造形象的功能。它不但能塑造良好的个人形象，而且能通过塑造个人形象进而塑造组织形象。

礼仪的基本目的就是树立和塑造个人形象。简单地说，个人形象是指通过自己的仪容仪表、言谈举止等给别人留下的总体印象。个人形象如何，对一个人的社会交往会产生很大的影响。如果你在各方面做得都符合礼仪要求，给人的印象就是美好的，别人就乐于与你交往；反之，不讲礼仪，给人的印象不好，别人就不愿意与你交往。必须强调的是，在社交中有“首因效应”一说，即人们在初次接触某人的时候，会即刻产生一种印象。这种印象的好坏，不但直接左右着人们对此人的评价，而且还将在很大程度上决定着交往中双方关系的好坏。所以，在社交中，必须注意自己留给别人的第一印象，尤其是在求职应聘和商务往来中更应如此。在现实生活中，懂礼仪的人往往会给别人留下完美的第一印象。这也正是在同一个择业机会面前，面对同等条件的竞争对手，受过礼仪教育的人往往能战胜对手的重要原因。

礼仪也能通过塑造完美的个人形象来塑造组织形象。彬彬有礼的员工，会使人产生一种对其所在组织的很强的信任感，这就是礼仪的魅力。因为，个人形象是组织形象的基础，组织中个人的仪容、着装、言谈举止、服务质量等是一个组织总体特征与风格的重要组成部分，反映着员工的素质，代表着组织的形象，而一个组织的形象则直接关系着它的效益。所以，社会组织要想在日益激烈的竞争中占有一席之地，必须重视对自己的员工进行礼仪知识教育和礼仪规范训练，通过员工良好的仪容风范、言谈举止为组织赢得知名度、美誉度。

（六）净化风气

礼仪是社会文明的重要载体和标志，有助于淳风化俗，推动整个社会的精神文明建设。故而礼仪具有净化社会风气，美化人们的生存环境的功能。

历史上许多思想家都把礼仪上升到治国安邦、济世安民的高度，荀子曾说：“人无礼则不生，事无礼则不成，国家无礼则不宁。”（《荀子·修身》）事实也是如此，礼仪作为衡量社会文明和进步的尺度，不仅体现着人们的道德理想和精神追求，而且代表着人们的社会价值观和健康的生活方式，是形成互相尊重的人文氛围、推动精神文明建设的有效保证。梁启超在《论公德》中指出：“我国民所最缺者，公德其一端也”，“吾中国道德之发达，不可为不早，虽然，偏于私德，而公德殆阙如”。现在一百多年过去了，不讲公德的现象仍然屡见不鲜。不可轻视那些所谓的“小节”，它不仅折射出一个人的文化修养和文明程度，也反映着一个社会的风气。一位哲人说过：“一个没有社会公德的民族是个危险的民族，而一个拥有良好社会公德的民族肯定是个充满希望的民族。”当前，我国正大力加强社会主义精神文明建设，“明礼”是其中一项重要内容。可以说，提倡学习礼仪，遵守礼仪，使公民从衣着容貌到言谈举止都尽可能地给人以美感，将有助于提升个人乃至全社会的精神品位，净化社会空气，创造文明的生活环境。

人人都渴望美好的生活环境、良好的社会风气，那么就应从“我”做起，以自己学习礼仪、运用礼仪的实际行动，重振华夏礼仪之邦的雄风。

中国风

诫子书

诸葛亮

夫君子之行，静以修身，俭以养德。非淡泊无以明志，非宁静无以致远。夫学须静也，才须学也，非学无以广才，非志无以成学。慆慢则不能励精，险躁则不能冶性。年与时驰，意与日去，遂成枯落，多不接世，悲守穷庐，将复何及！

【释义】德才兼备者的操行，要静心以修炼性情，要恭俭以涵养品德。做不到恬淡寡欲就不能表明志向，做不到平和宁静就不能实现远大理想。学习需要心静，成才必须学习，不学习就无法增长才干，没有志向就不可能学有所成。追求过度享乐和怠惰散漫就不能振奋精神，轻浮暴躁就不能陶冶性情。年华会同时光一起逝去，意志会被岁月消磨，最后精力衰竭而学识无成，大多不被社会所用，到那时悲伤地守在破房子里，即使后悔也来不及了！

二、礼仪的原则

他山之石

纽约街头，一个颇有名望的富商看到一个衣衫褴褛的年轻人在寒风中啃着发霉的面包，他身前摆了很多廉价的铅笔。有着同样苦难经历的富商顿觉他可怜，便给了年轻人10美元就走了。没走多远，富商忽然觉得这样做不妥，连忙返回来，从地摊上选了几支铅笔，并抱歉地解释说自己忘记取了，希望年轻人不要介意。最后，富商郑重地告诉年轻人：“您和我一样都是商人。”

几年之后，富商应邀参加一个商贾云集的慈善募捐，一位西装革履的年轻商人迎了上来，紧握着他的手不无感激地说：“先生，您可能早忘记我了，但我永远也不会忘记您。我一直认为我这一生只有摆摊乞讨的命运，直到您亲口对我说，我和您一样都是商人，这才使我有了自信，从而创造了今天的业绩……”

富商万万没有想到，自己几年前一句普通的话竟能使一个穷困潦倒的人找回了自信心，最终通过不懈的努力获得了成功。

小组讨论：

年轻人的成功与富商的行为之间存在着怎样的关系？

为了学好、用好礼仪，有必要了解礼仪的原则，从宏观上掌握这些具有普遍性、共同性、指导性的礼仪规律。

（一）尊重他人

古人云：“恭敬之心，礼之端也。”尊重是礼仪的第一原则，也是最根本的原则，是礼仪的灵魂。

尊重是礼仪的情感基础，礼仪要求尊重他人，包括：尊重他人的人格，这是尊重原则的第一要义；尊重他人的个人爱好、性格特质和风俗习惯，不把自己的意志和意愿强加于他人；尊重他人的人身自由及其他各种权利；等等。从本质上讲，尊重他人实际上就是时时处处为他人着想，做到“己所不欲，勿施于人”。

在社会交往中，尊重是相互的。人与人之间的和谐关系，只有在相互尊重的过程中才能逐步建立起来。大家知道，自尊是人的基本需求，每个人都希望被人尊重、被人肯定。那么，人人就都应该懂得尊重别人。因为你尊重别人，别人自然就会尊重你；你不尊重别人，你也就不会被别人所尊重。正所谓：“爱人者人恒爱之，敬人者人恒敬之。”所以，尊重他人就是尊重自己。一个人如果只要求别人尊重自己，而自己一点也想不到应该尊重别人，这是自私自利、不懂得礼仪常识的表现。因此，请记住歌德的话：你想赢得别人的尊重吗，那么请你首先学会尊重别人。

（二）平等待人

平等是人与人之间建立良好关系的首要前提和必要条件。现代礼仪不同于传统礼仪的根本点就在于，它是建立在平等的基础之上并以平等作为自己的基本原则的。

礼仪所涉及的平等，主要是指人格和道德的平等。每一个人都生而有人格，人格是平等的，都应当受到尊重，任何人都没有凌驾于他人之上的任何特权。所以在与人交往时应该做到：彬彬有礼又不低三下四；热情大方又不轻浮谄谀；谦虚谨慎、尊重他人又要自尊自爱、不卑不亢。道德上的平等要求对一切人一视同仁，同等对待。即不管什么情况下，都不能因交往对象在年龄、性别、文化、职业、身份、地位、种族、财富以及与自己关系亲疏的不同而厚此薄彼，看客施礼。显然，社会上一些人看对方地位显赫就曲意逢迎、地位低下就冷淡漠视的表现是不符合礼仪规范的。当然，在具体运用礼仪时，可以根据不同的交往对象采取不同的方法，这与违背平等和尊重原则的所谓“看人下菜碟”不是一回事。

（三）真心诚意

礼仪所讲的真诚原则，就是要求人们在交往中应该发自内心地尊重别人，并在行为上表现出来。即内心和动作要协调一致，表里如一。

真诚是立身之本、待人之道。礼仪就其本质而言，是人们对遵守宗法等级差别的自觉意识，即仁爱之心。孔子早就说过，“礼”基于“仁”，“仁”源于孝悌，孝悌始于内心。心中没有对他人的敬意，表面的一切都是虚假的。戴尔·卡耐基也强调待人以诚，把对人真诚视为交往和礼仪的通则。他十分欣赏中国古训“交友须带三分侠气，做人要存一点素心”。我们学习礼仪倘若缺乏真诚之心，只学了礼仪的形式，这种所谓的礼仪就变成了矫揉造作的客套或周旋逢迎的虚情假意，变成了一种欠缺诚意的装腔作势或卖弄自己教养的行为。

礼仪是内在的恭敬之心与外在的礼节仪式的统一。所以在社会交往中，要牢固树立真诚的观念，并以此统率自己外在的举手投足、接物应对。只有这样，才能使自己所要表达的尊敬和友好之意，更好地被对方所理解、所接受；才能真正体现出礼仪的层次和水平，使礼仪含有更多的文明因素和伦理因素，为促进人类的精神文明做出更大的贡献。

中国风

古人论交友

《诗经·小雅》曰：“嘤其鸣矣，求其友声。”用山林中孤鸟鸣叫来寻求同伴的例子，说明朋友的重要性。孔子告诫弟子：“益者三友，损者三友。友直，友谅，友多闻，益矣。友便辟，友善柔，友便佞，损矣。”意指同正直、诚实守信、见闻博广的人交朋友，久而久之，自己也会近朱者赤；相反，亲近奸佞小人，就会近墨者黑，深受其害。清末重臣曾国藩在家书中说道：“盖求友以匡己之不逮，此大益也。”指出求朋友用以匡正自己的不足，是大有益处的。

关于如何交友，古人自有其道。孔子认为，择友首先要考察他的人品，了解他的经历，分析他和你结交的目的。孟子认为，交朋友应该“友其德也，不可以有挟也”。庄子则认为“君子之交淡若水，小人之交甘若醴”，君子之交坦坦荡荡却心心相印，小人之交则是以利益为基础。明代苏浚在《鸡鸣偶记》中把朋友分成四类，告诫世人要交那些能够互相砥砺品行、直言规劝过失的“畏友”和以心相交、生死与共的“密友”，而不要交巧言令色、只讲吃喝玩乐的“昵友”和只可同甘、危难时却落井下石的“贼友”。

由此看来，古人交友非常谨慎，因为朋友是进益和互助的。朱熹在家训中指出：“有德者，年虽下于我，我必尊之；不肖者，年虽高于我，我必远之。”告诫子孙，道德品格好的人，即使比我年龄小，我也一定会尊重他；道德品格不好的人，即使比我年长，我也一定会远离他。曾国藩云：“一生之成败，皆关乎朋友之贤否，不可不慎也。”朋友是否贤明，可以影响一个人的成败。

（四）宽容大度

宽容，就是宽宏大度，能容忍、原谅别人的个性、行为，甚至过失。中国传统文化历来重视并提倡宽容的道德原则，并把宽以待人视为一种为人处世的基本美德。

宽容也是礼仪的基本原则。它要求人们在交往活动中，设身处地地为他人着想，以宽厚、宽宏、宽待的精神，对待和处理同他人的关系。对别人不同于己的行为、习惯及处世方法等，给予谅解，不予计较；当别人的行为出现过失或错误时，宽大为怀，不予追究。总之，宽容就是不让他人产生不愉快，不使人难堪，它可以使人们相互谅解、和睦相处。所以，真正懂礼仪的人，不论和什么阶层的人在一起，不论身边的人懂不懂礼仪，他都能以自然、得体的态度与他们和谐共处。有些时候，宽容别人不但能显示出自己的良好修养，而且能使行为不良的人得到感化。

当然，宽容绝不是纵容，不是放弃原则的姑息迁就，当“老好人”。对于邪恶行为和故意寻衅滋事者，我们要坚持有理、有利、有节的说理和斗争。

（五）自律自觉

礼仪是为了维护社会生活的稳定而形成和存在的。作为必须遵守的行为规范，它要求社会的每个成员都能够自觉地去遵守和执行。

“自律”是礼仪的重要原则之一，简言之，就是要“慎独”，要严于律己。按照自律的原则，每个人应该首先把学习和运用礼仪当作自己的自觉要求；然后通过学习，在心目中树立起道德信念和行为准则，并以此来约束自己在社会交往中自觉地按照这些去做；

再则应该“吾日三省吾身”，经常不断地用礼仪规范对照检查自己，自觉地养成良好的礼仪习惯。可以这样说，一个人培养和提高礼仪修养的过程，就是在高度自觉的前提下，提高自己的整体素质的过程。在这个过程中，“高度自觉”非常重要。

生活中，有人在某种场合能做到懂礼貌、讲文明，而在另一种场合却显得粗俗、放肆。虽然环境对人的影响很大，但自律原则要求我们应该时时处处严格地以礼仪标准规范自己的言行，无论何时何地都要用自己的言行去影响环境，而不受环境的影响。能做到这一点，才是一个真正讲礼仪的人。

（六）适度从俗

在礼仪的具体运用中，还要遵循适度的原则。也就是说，人与人之间的交际，要把握尺度，得体适当。

凡事过犹不及，礼仪的运用也是这样。我们待人接物时，应该真诚热情，得体到位地把自己的自律和敬人之意，恰如其分地表达出来。但一定要掌握好分寸，做到热情有度，恰到好处。过于热情，只会让人心生反感，甚至会使别人陷于难堪的境地。所以，真正待人处事有方的人，能够把握在不同环境中交往双方彼此之间的情感尺度，注意保持在各种情况下自己与他人的社交距离。

俗话说，“十里不同风，百里不同俗”。由于国情、民族、文化背景的不同，人们在交往时必须做到入乡随俗，遵守当地的习惯，与绝大多数人的习惯做法保持一致，切勿目中无人、自以为是、指手画脚、随意批评，否定其他人的习惯做法。这也是礼仪的重要原则之一。

中国风

“择善而从之，其不善者而改之”

交游不可不审也。择善而从之，其不善者而改之。否则，必至失身匪类，将犯朝廷之法纪，危累父母兄弟者有之，可不慎于择交者哉！

【释义】结交朋友不可不审慎。与人结交，应当选择他们的优点去学习，对他们的缺点要注意改正。如果不这样，必将使自己丧失节操而依附于邪恶之人，还有可能触犯朝廷的法律纲纪，有些人甚至会危害、连累自己的父母兄弟。故不能不谨慎地选择结交的人！

第四节 礼仪的学习

他山之石

某中学开设了为期 10 周的“世界礼仪”课程之后，要进行一次考试。有趣的是，考试地点设在一个西餐厅，考生无须答题，也不必写论文，只需要演练用餐的礼仪，以及展示在不同国家或地区交谈或者行动时应遵守的种种“特殊规矩”。

主讲此课的教师琳达说：开设“世界礼仪”课的目的是帮助学生重视礼仪，以便学生在以后的社会交往中更受欢迎，毕业后能更容易找到一份工作，并在今后更能赢得上司的赏识，从而能更快地获得晋升。

小组讨论：

这个中学如此重视礼仪的学习说明了什么问题？

礼仪的功能使我们懂得了学习礼仪的意义，礼仪的原则使我们掌握了运用礼仪的要求，下面向初次系统地学习礼仪者介绍一下怎样才能学好礼仪。

一、对礼仪的认识

中国礼仪文化的核心是“以文化人”，主张“内省”，强调个人道德修养，注重调解人与人之间的关系，重视人的群体价值，将个人的权利与群体的义务、责任联系在一起，主张义重于利。这些伦理观、价值观对于解决现代人的精神困惑，提高文化素养是大有裨益的，而诸如“己所不欲，勿施于人”等格言则至今仍为人们所津津乐道，这正说明了它们的永恒价值。

“中华礼仪文化”
微课视频

我国的现代礼仪，摒弃了封建落后的成分，以科学精神、民主思想和现代生活为基础，表现出新的现代社会关系和时代风貌。现代礼仪的许多内容和形式，都是在辛亥革命以后尤其是新中国成立以后才形成的。其中既有为适应当代社会需要而生成的新的行为规范，又有对西方国家礼仪的借鉴，也不乏对传统礼仪的选择继承。现代礼仪生动地体现了礼仪文化的生命力和革新精神。

二、丰富内涵

礼仪是一种形式美，它是人的心灵美的必然外化。一个人自身道德修养和文化层次的提高，是学好礼仪的关键。所以，我们学习礼仪时要同其他科学文化知识结合起来，要多读书、多学习，不断丰富自己的内涵。

孔子在两千多年前就说过：“质胜文则野，文胜质则史。文质彬彬，然后君子。”（《论语·雍也》）意思是，一个人品格质朴，不注重礼节仪表，就会显得粗野；只注重礼节仪表，缺乏质朴的品格，就会显得虚浮。只有礼节仪表同质朴的品格相结合，才是真正有教养的人。英国著名哲学家弗兰西斯·培根也说：“行为举止是心灵的外衣。”现实生活也告诉我们，一个道德和文化修养高的人，往往就是一个知礼、遵礼的人，他必然会注意让自己的行为合度，举止谦和，不违反礼仪规范。可见，有道德、有修养、有文化、有学识，才能“知书达礼”。我们要做一个“知书达礼”的人，就要通过读书学习，提高自己的道德修养和人文知识水平，了解更多的礼仪常识，并在日常生活中注意自己的仪表言行，使自己有高雅的气质、潇洒的风度。

三、学以致用

礼仪本身就是一门应用科学，因此，学习礼仪要学用结合，把书本知识与社会实际及个人的实践很好地联系起来，坚持知与行统一。

学用结合，就要一边学习礼仪知识，一边将所学到的知识应用于实践中，从日常的点滴做起。因此，要注意避免两种倾向：一是畏难情绪。有的人认为自己这么大了，待人接物的习惯都已经养成，现在再按礼仪规范去纠正比较困难，要付出不少努力。所以他们思想上认为礼仪是好的，但却不愿付诸行动。二是怕人笑话。有的人有一些顾虑，认为周围的人都没有学过礼仪，如果自己运用礼仪，可能会遭人笑话，说自己在“玩虚的”，尤其是对熟悉自己的人，不好意思讲究礼仪。这两种倾向都是不对的。其实不管年龄多大，只要意识到礼仪在现代社会的重要性，下决心去学、去用，就一定会逐步掌握的。在没学过礼仪的人中更应该有率风气之先的勇气，不但要运用礼仪，更应当宣传礼仪，引导周围的人都按礼仪要求去做。还有的人看别人如何再决定自己怎样，你讲礼仪，我就运用礼仪；你不讲礼仪，我也不用礼仪规范对待你，这也是要不得的。学过礼仪的人在任何时候都不应该忘记自律，一定要自觉地运用礼仪。

四、灵活运用

学习礼仪要树立根据具体情况灵活运用的观念。现代礼仪不是死死束缚人们行为的繁文缛节，不能脱离实际，死抱着条条框框不放。比如在下漆黑的地下室楼梯时也讲“女士优先”，让女士走在前面，而男士拿着手电筒走在后面，这就很可笑了。所以。讲礼仪规范时，不分情况地一律生搬硬套是不正确的。

其实，运用礼仪时最重要的是遵循尊重的原则，只要是从尊重别人、关心爱护别人的角度去做，即使在某些场合的做法与礼仪规范中的条条框框相左也是没有关系的。

五、反复渐进

礼仪习惯的养成不是一朝一夕的事情，不可能一蹴而就。它具有反复性和渐进性。因此，在学习礼仪时就应当抓住重点，分清主次。要先从与自己生活最密切的方面开始，一点一滴地做，一个方面、一个方面地注意，这样才会收到事半功倍的效果。

礼仪不会在学过之后一下子就全掌握，掌握它需要一个循序渐进并且不断反复的过程。因为不少人已经养成了一些不符合礼仪的习惯，这些习惯一旦养成，是不容易一下子就完全改掉的，改掉它们需要一个过程。在这个过程中，要有意识地纠正自己不符合礼仪规范的言行。在不是很急迫的时候，可以先想一下，在这种情况下礼仪规范要求我们应该怎样说、怎样做，然后再按照礼仪规范去说、去做；在需要人快速做出反应的时候，人们常常容易按照自己的习惯去做，事后应及时反省自己，检讨自己哪些地方不对，下次应该怎样做。这样日积月累，一定能够逐步提高自己的礼仪修养，纠正旧的行为习惯，使自己的言谈举止符合礼仪要求。只要你有提高礼仪修养的决心和持之以恒的毅力，就一定会成为一个彬彬有礼的人，成为一个受社会、组织和他人欢迎的人。

中国优秀传统文化传承

优秀传统文化凝聚着中华民族自强不息的精神追求和历久弥新的精神财富，是发展社会主义先进文化的深厚基础，是建设中华民族共有精神家园的重要支撑。当代学生应正视优秀传统文化的价值，发掘它们蕴含的现代性力量，争做优秀传统文化的笃信者、传承者、躬行者。

【家祭】

古人在家庙内祭祀祖先或家族守护神的礼仪。家祭通常在以下三个节日举行：

一是在每年中元节。农历七月十五日，家家户户举行家祭，设香案，摆供品，焚纸衣。

二是在中秋节。农历八月十五日，家家户户设宴赏月，面对良辰美景，自然怀念祖先，故在家宴之前，也设香案，列供品，焚纸衣，遥祭祖先，然后家人再饮宴赏月。

三是在除夕。合家团圆之时，以鸡鸭肉祭祀祖先，烧纸钱，摆供品，全家一起祭拜。

【揖让】

古代宾主相见的礼节。揖让之礼按尊卑分为三种，称为三揖：一为土揖，行礼时推手微向下；二为时揖，行礼时推手平而置于前；三为天揖，行礼时推手微向上。

【长揖】

这是古时不分尊卑的相见礼，拱手高举，自上而下。

【拱】

古代的一种相见礼，两手在胸前相合表示敬意。《论语・微子》中有这样的记载："子路拱而立。"

【顿首】

古时一种拜礼，为"九拜"之一，俗称叩头。行礼时，头碰地即起。因头接触地面时间短暂，故称顿首。

【稽首】

古代的拜礼，为"九拜"之一。行礼时，施礼者屈膝跪地，左手按右手，拱手于地，头也缓缓至于地。头至地须停留一段时间，手在膝前，头在手后。这是九拜中最隆重的拜礼，常为臣子拜见君王时所用。后来，子拜父、新婚夫妇拜天地拜父母、拜祖拜庙、拜师等，也都用此大礼。

【九拜】

我国古代特有的向对方表示崇高敬意的跪拜礼。《周礼》谓“九拜”：“一曰稽首，二曰顿首，三曰空首，四曰振动，五曰吉拜，六曰凶拜，七曰奇拜，八曰褒拜，九曰肃拜。”

【跪】

两膝着地，挺直身子，臀不沾脚跟，以示庄重。如《廉颇蔺相如列传》：“于是相如前进缻，因跪请秦王。”

【坐】

古代席地而坐，坐时两膝着地，臀部贴于脚跟。为了表示对人尊重，坐法颇有讲究：“虚坐尽后，食坐尽前。”“尽后”是尽量让身体坐后一点，以表谦恭；“尽前”是尽量把身体往前挪，以免饮食污染座席而对人不敬。

【座次】

古时官场座次尊卑有别，十分严格。官高为尊居上位，官低为卑处下位。古人尚右，以右为尊，“左迁”即表示贬官。《廉颇蔺相如列传》：“以相如功大，拜为上卿，位在廉颇之右。”古代建筑通常是堂室结构，前堂后室。在堂上举行的礼节活动是南向为尊。

【冠礼】

古代男子成年时（二十岁）加冠的礼节，在宗庙中进行，由指定的贵宾给行冠礼的青年加冠三次，先后加缁布冠、皮弁、爵弁，分别表示有治人、为国出力、参加祭祀的权利。加冠后，由贵宾向冠者宣读祝词，并给起一个与俊士德行相当的美“字”。因为男子二十岁行冠礼，所以后世将二十岁称作“弱冠”。

【斋戒】

古代举行祭祀或重大活动，参与者事先要沐浴、更衣、独居，戒其嗜欲，以示心地诚敬，这些活动叫“斋戒”。“斋”又称“致斋”，致斋三日，宿于内室，要求“五思”（思其居处、笑语、意志、所乐、所嗜），这主要是为了使思想集中、统一。“戒”又称“散斋”，散斋七日，宿于外室，停止参加一切娱乐活动，也不参加哀悼丧礼，以防“失正”“散思”。古人斋戒时忌荤，但并非忌食鱼肉荤腥，而是忌食有异味的食物如葱、蒜等，这主要是为了防止口中发出的异味对神灵、祖先有所亵渎。

【虚左】

古代座次以左为尊，空着左边的位置以待宾客称“虚左”。《信陵君窃符救赵》：“公子于是乃置酒大会宾客。坐定，公子从车骑，虚左，自迎夷门侯生。”足见信陵君对侯生之尊敬。今人有“虚左以待”一语。

【再拜】

先后拜两次，表示礼节之隆重。旧时书信末尾也常用“再拜”表示敬意。

【膜拜】

古代的拜礼。行礼时，两手放在额上，长时间下跪叩头。原专指礼拜神佛时的一种礼仪，后泛指极端恭敬或畏服的行礼方式。今人多用“顶礼膜拜”形容对某人崇拜得五体投地。

【六礼】

中国古代婚姻的六种手续和礼仪，即纳采、问名、纳吉、纳征、请期、亲迎。

【秦晋之好】

春秋时，秦、晋两国国君几代都互通婚姻，故秦晋之好代表的是一种政治上的联姻，后泛指两家联姻。

【举案齐眉】

古代妻子为丈夫捧膳食时要举案于眉，表示相敬。

【以文会友】

古代文人交友的礼俗。文人相交轻财物而重情谊、才学，故多以诗文相赠答。唱酬是通行的方式，即以诗词相酬答。在宴饮等聚会时，更是不可有酒无诗，流行尽觞赋诗之俗。

【讳称】

古人对“死”有许多讳称，主要的有：

（1）天子、太后、公卿王侯之死称：薨、崩、百岁、千秋、晏驾、山陵崩等。

（2）父母之死称：见背、孤露、弃养等。

（3）佛、道教徒之死称：涅槃、圆寂、坐化、羽化、仙游、仙逝等。“仙逝”现也用于称被人尊敬的人物的死亡。

（4）一般人的死称：亡故、长眠、长逝、过世、谢世、寿终、就木、老、故、逝、终等。

课后练习

一、单项选择题

1. 礼仪起源于原始社会的（　　）。

A. 狩猎活动　　B. 祭祀活动　　C. 餐饮活动　　D. 迁徙活动

2. 礼仪是一种修养，是（　　）的外在表现形式。

A. 制度　　B. 情操　　C. 道德　　D. 伦理

3. （　　）是礼仪的第一原则，也是最根本的原则，是礼仪的灵魂。

A. 平等待人　　B. 真心诚意　　C. 尊重他人　　D. 宽容大度

4. “十里不同风，百里不同俗”提醒我们应该把握好礼仪的（　　）原则。

A. 平等待人　　B. 自律自觉　　C. 尊重他人　　D. 适度从俗

5. 从广义上讲，（　　）是一个时代的典章制度。

A. 礼仪　　B. 礼节　　C. 礼貌　　D. 仪式

二、判断题

1. “仪”源于祭，立于敬，目的是祈福。（　　）

2. 礼貌是指人们言语动作谦虚、恭敬、友好的表现。（　　）

3. 礼仪习惯是指对礼仪和礼节的观念认知。（　　）

4. “恭敬之心，礼之端也”是指礼仪的宽容大度原则。（　　）

5. 我国的现代礼仪，摆脱了封建落后的成分，以科学精神、民主思想和现代生活为基础，表现出新的现代社会关系和时代风貌。（　　）

三、简答题

1. 作为一名中学生，应该如何正确认识和学习中国传统礼仪？

2. 礼仪由哪些部分构成？这些部分之间存在怎样的关系？

3. 礼仪的功能有哪些？

第二章

个人形象塑造

知识目标

- 了解仪容礼仪的基本要求
- 掌握如何运用目光语及如何自然地微笑
- 掌握站姿、坐姿、走姿的基本要领

技能目标

- 通过实训，掌握站姿、坐姿、走姿的具体要求，养成好习惯
- 掌握服饰礼仪规范，得体着装

案例导读

小李的口头表达能力不错，对公司产品的介绍也很到位，人既朴实又勤快，在业务人员中学历最高，总经理对他抱有很大期望。可做销售代表半年多了，小李的业绩总上不去。问题出在哪儿呢？原来，小李是个不修边幅的人，喜欢留着长指甲，身上的衬衫也不经常换洗，有时候手上还记着电话号码。

小组讨论：

你认为小李在哪些方面需要提高？如何改进呢？

启示：

个人礼仪是对社会个体在仪表仪容、表情举止、衣着打扮等方面的具体规范，它是交际礼仪的基础，正如《礼记·冠义》中所说：

“礼义之始，在于正容体，齐颜色，顺辞令。容体正，颜色齐，辞令顺，而后礼义备。”

个人礼仪也被称为“仪表礼仪”。仪表是指人的外表，包括人的容貌、仪态、服饰和个人卫生等方面，它是人的精神面貌的外观。人们常说的“第一印象”，多半来自一个人的仪表。讲究仪表，不仅能塑造和维护个人的社交形象，而且能通过良好的个人形象塑造组织形象，同时对整个社会风貌的净化与美化也能起到积极的作用。

第一节 仪容礼仪

他山之石

吴先生和他的朋友到一家餐厅用餐，接待他们的是一位五官清秀的服务员。服务员的接待服务工作做得很好，可是显得无精打采，仔细留意才发现原来这位服务员没有化工作淡妆。当开始上菜时，吴先生又发现传菜员涂的指甲油缺了一块。吴先生的第一个反应就是“是不是掉入菜里了”。为了不惊扰其他客人用餐，吴先生没有将他的怀疑说出来，但心里很不舒服。最后，他们唤柜台内的服务员结账，而服务员却一直对着反光玻璃墙面修饰自己的妆容，丝毫没有注意到客人的需要。吴先生对该饭店的服务十分不满。

小组讨论：

结合本案例说明注意仪容的重要性。

仪容主要指包括五官在内的整个面部，它是仪表之首。对仪容的基本要求是整洁、卫生。

一、头发

整洁的头发、得当的发型会使人显得精神抖擞，容光焕发。

（一）保养与清洁头发

1. 注意保养头发

理想的发质应色泽统一，有光泽和弹性，不分叉。保护头发可从调理饮食入手，多食含有维生素、微量元素、蛋白质的食物。如果头发枯黄或过早变白，应多吃动物肝脏、黑芝麻、核桃、黄豆等；头发脱落过多，则多吃黑豆、蛋、奶、松仁等；头皮屑过多，可吃海带、紫菜、海鱼等含碘多的食物。

2. 保持头发整洁

及时理发，经常梳洗头发，做到无头屑、无油垢、不凌乱。应根据发质选择洗发水，油性头发宜选择去油功能强的洗发水；干性头发则选择含有蛋白质的营养型洗发水。洗发时，水温以 40℃左右为宜。

（二）选择适当的发型

发型的选择既要符合美观、大方、整洁和方便工作的原则，又要与自己的发质、脸型、体型、年龄、气质、四季服装以及周围环境相协调，这样才能给人以整体的美感。

男性的头发长度以 5～7 厘米为宜。不能过短或剃成光头；也不宜留长发、大鬓角，否则容易给人留下性格粗鲁、办事拖沓的印象。女性的发型以端庄、简洁、秀丽为好，注意别让头发遮住眼睛。

要根据自己的脸型选择一个你喜欢而又适合你的发型。方脸型男性最好采用不对称发缝，不要理寸头；方脸型女性可尽量增多顶发，发缝侧分，并把蓬松卷曲的“刘海”往两边太阳穴梳，或在颈部结低发髻，或留披肩发，让头发披在两颊，减少脸的宽度。长脸型男性头发宜稍长；长脸型女性适合采用自然而又蓬松的发型，可加厚面部两侧的头发，削出层次感，并用“刘海”遮盖住部分前额。圆脸型的人可选择垂直向下的发型，最好侧分头缝，顶发适当隆起，头发遮挡面部两侧，女性尽量不要留“刘海”。“由”字脸型的人额窄腮宽，发型应上厚下薄，顶发丰隆，前额尤其是鬓角用头发遮盖一下。“甲”字脸型的人额宽颚窄，头发宜侧分，应选择不对称式短发型，露出前额，并适当增多双耳以下的发量。

二、面部和手部

面部各部位和手部的清洁与修饰也是仪容的重要方面。

（一）眼部

“眼睛是心灵的窗户。”注意眼睛的保洁，及时清除眼角的分泌物。当然，清洁时要避开他人，不能在他人面前用手绢、纸巾擦拭或用手去抠。注意用眼卫生，预防眼病。

眉毛的形状是容貌的重要组成部分，适当修剪可以让整个面部显得平衡、清晰。

（二）鼻部

养成每天洗脸时清洁鼻腔的好习惯。切忌当众清洁鼻孔，当着他人的面挖鼻孔或擤鼻涕，既易引人反感，又影响个人形象。另外，用手挖鼻孔的动作不雅观，也不卫生，有此坏习惯的人应注意纠正。

毛发重的男性，如果鼻毛长出鼻孔，应注意及时修剪。

（三）嘴部

1. 保持干净

吃东西后，马上擦嘴，并及时清除牙缝中残存的食物，但不能当众剃牙、曝牙。

2. 口气清新

早晚刷牙，饭后漱口。口中不能有烟、酒、葱、蒜、韭菜、腐乳等的气味。不得已的话，与人接触前可咀嚼口香糖或茶叶来清除口中异味。因牙病或其他疾病造成口中有异味的，应及时治疗。

3. 避免“异响”

咳嗽、打嗝、打哈欠时应尽量避开他人，一旦忍不住当众出现，要用手绢捂住嘴，并向他人道歉；不要随地吐痰，否则显得素质很低。

4. 修面剃须

男性要每天剃胡须，胡子浓的，在会客或其他社交活动前还应当再剃一次。但不要当着外人的面使用剃须刀。

5. 保护嘴唇

防止嘴唇干裂暴皮，避免唇边残留分泌物。

（四）颈部

颈部与头部相连，属于面容的自然延伸部分，也是人体最易显现年龄的部位，因此应重视修饰颈部。要从年轻时开始对颈部进行营养护理，防止皮肤老化，与面容产生较大反差。还要经常保持颈部的清洁卫生，不能脸上很干净，脖子特别是脖后、耳后却藏污纳垢。

（五）化妆

女性应适度化妆。在正式场合，女性不化妆是不礼貌的。在崇尚自然美的基础上，加一点人工修饰，可以使人焕发青春的光彩，并增强自信心。

化妆的浓淡要掌握好。一般上班和白天化淡妆，社交和晚上化浓妆，并注意与场合相适应，与个人衣着、周围环境相协调，切不可不分时间、场合地浓妆艳抹。女性化妆的最佳境界是清新、淡雅，既显得楚楚动人，又不留人工雕琢的痕迹。

化妆时要用“三庭五眼”的标准，找出自己面部的缺陷加以弥补。“三庭”，指标准脸长应为三等份：眉毛以上天庭部分一份、鼻部一份、鼻下一份。“五眼”，指标准脸型应为五只眼睛宽度。化妆时，哪一部分不合比例就在哪里弥补一下，如额部较长，鼻部较短，可将眉毛画得向上高挑些，以产生额部变短的感觉；鼻部较长，额部较短，可将眉头向下画一些，给人鼻部变短的感觉。

年轻的女性适宜用亮色的口红，中老年女性则以涂浅茶色或淡褐色的唇膏为宜。不要在公共场所化妆或补妆；也不要在男性面前化妆。若需要化妆或补妆，应到洗手间。在人口密集处，也不宜使用浓香型化妆品。一般不要借用他人的化妆品，以免传染疾病。

（六）手部

手的洁净在某种程度上也反映着一个人的精神风貌。和面部一样，手露在外面，容易被人注意到，又是接触其他人和物最多的地方，所以要保持手部清洁，饭前便后以及接触脏物以后要马上洗手。

要勤剪指甲，不留长指甲。长指甲既不容易保洁，又不方便做事，有时还会伤着别人或自己。有人喜欢一个手指留长指甲，以便掏耳朵、挖鼻孔、搔痒。其实这些动作既不卫生，又不雅观。修指甲要避开他人，在公共场所修剪指甲，会给人留下缺乏责任心、无所事事的印象。

女性涂指甲油要注意场合。上班不能涂红色指甲油，可涂无色透明的；社交场合方可涂红艳的指甲油。

课堂实训

1. 准备用具：化妆品、木梳、梳妆镜。

2. 实训要求：实训小组成员互评互议，帮助同学纠正不足。

3. 实训过程：

<table>
<tr><th>实训内容</th><th>操作标准</th><th>基本要求</th></tr>
<tr><td>基本化妆</td><td>（1）涂化妆水，用棉球蘸取在面部叩点。（2）涂粉底霜，用手指或手掌在脸上点染晕抹。（3）上粉底，用手指或手掌在脸上晕染、涂抹，不宜过厚。（4）扑化妆粉，用粉扑自下而上扑均匀。</td><td rowspan="5">（1）眼要自然不着痕，频宜轻匀。
（2）内容可酌情舍弃或变动次序。
（3）此操作仅适合简单快速淡妆或工作妆，用时 10 分钟左右。</td></tr>
<tr><td>眼部化妆</td><td>（1）涂眼影：用棉花棒沾眼影在眼周、眼尾、上下眼皮、眼窝处点抹。（2）描眉：蓝灰色打底，棕色或黑色描出适合的眉型。直线型使脸显短，弯型使人显得温柔。（3）描眼线：用眼线笔沿眼睫毛底线描画。</td></tr>
<tr><td>抹腮红</td><td>用腮红轻染轻扫两颊，以颧骨为中心向四周涂匀；长脸横打，圆脸和方脸竖打。</td></tr>
<tr><td>涂口红</td><td>（1）用唇笔描上下唇轮廓，起调整色泽、改变唇型的作用。（2）涂口红填满。</td></tr>
<tr><td>检查</td><td>（1）检查发际和眉毛是否沾上粉底。（2）检查双眉是否对称。（3）检查腮红是否涂匀。（4）检查妆面是否平衡。（5）检查妆容与穿着是否协调。（6）适当调整修改。</td></tr>
</table>

第二节 仪表礼仪

他山之石

出席正规的古典音乐会应着正装，这是全世界通行的礼仪。古典音乐原本就是源自欧洲的宫廷，后来，很长一段时间内仍限于当时的上流社会。欣赏古典音乐不仅是一种艺术活动和高级精神消遣及享受活动，也成为西方上流社会的一种重要社交方式。现在，越来越多的普通大众进入音乐厅，由于时间与经济条件的限制，未必人人都能有条件"盛装"出席。于是，人们逐渐将这些礼仪简化。虽然现在听音乐会已无须再盛装出席，但衣着不整的音乐会参加者还是会被认为是对演奏者极大的不恭敬。参加音乐会时的着装既反映了观众对演奏者及对艺术本身的尊重，也成为体现个人修养的一种标志。

小组讨论：

你的"衣着观"是什么？

服饰也是一种文化。它能够反映一个国家、一个民族的经济水平、文化素养以及精神文明与物质文明的发展程度，也能反映一个人的社会地位、文化品位、审美意识以及生活态度等。得体、和谐的服饰，会产生无形的魅力。

一、女性的着装技巧

女性着职业服装，既要彰显个性，表现出自己的风格，也要遵守一些规则。

职业女装有三种基本类型：西装套裙，夹克与裙子，连衣裙和两件套裙。

（一）西装套裙

西装套裙是职业女性的标准着装，可塑造出端庄、干练的形象。

西装套裙分两种：一种是配套的，上衣和裙子同色同质地；另一种是不配套的，上衣与裙子色彩、质地不同，但要搭配协调。着单排扣西装套裙，上衣可以不系扣；双排扣的，则要将扣子全部系上（包括内侧的纽扣）。

颜色的选择：西装套裙的最佳颜色是黑色、藏青色、灰褐色、灰色和暗红色。穿单色的套裙，能使身材显得瘦高一些。选择精致的方格、印花或带条纹的花色也可以，但不要选红色、黄色和淡紫色，因这些颜色过于艳丽，不宜在办公场合穿着。

面料的选择：西装套裙要选择质地和垂感好的面料。

衬衫的颜色和面料：衬衫的颜色没有严格限制，只要与套装相匹配就可以了。最常见的是白色、黄白色和米色，因为它们与大多数套装都能相配。衬衫面料最好是丝绸或纯棉的。

（二）夹克与裙子

在不太正式的场合，可以穿轻便的夹克搭配裙子。

颜色的选择：可选择黑色、藏青色、灰褐色、灰色和暗红色。如果购买方格、印花和带其他图案的，应考虑其是否能与其他衣服搭配。

面料的选择：最好是纯毛华达呢以及混纺面料，或丝绸、亚麻混纺织品。不要选择小山羊皮等皮革、灯芯绒、丝绒、天鹅绒、斜纹粗面布或缎子的面料，因为它们给人一种欠职业化的感觉。

（三）连衣裙和两件套裙

连衣裙和两件套裙可以单独穿，也可以和其他上衣搭配着穿。它们尽管不如西装套裙那么正规，但也适于某些场合。纽扣一排到底的大衣式裙子，比衬衫配裙子更显得职业化。

颜色的选择：建议选择灰色、藏青色、暗红色、米色、驼色、红色和玫瑰红色，也可以选择简洁的印花或图案；不要选择过于鲜艳的花色。

面料的选择：以丝绸最为理想，也可选用100％的人造丝或加入人造纤维的亚麻制品。不要选用纯亚麻制品，因为其容易起皱；也不要用棉布，那样显得过于随便。

（四）服饰附件

恰当地使用服饰附件，可烘托服装，起到画龙点睛的作用。

1. 首饰

首饰反映着一个人的兴趣爱好、文化修养和婚姻状况。佩戴首饰，一般应遵循国际惯例，符合有关要求。在社交、休闲场合可“百花齐放”；但在上班则以保守为佳，以少为佳。如果同时佩戴多件首饰，其质地一定要统一，否则会显得凌乱、俗气。首饰的式样要简单大方，不要戴晃来晃去或叮当作响的首饰。每只手最多戴一枚戒指，戴在哪只手指上应根据自己的婚姻状况而定。戴在左手食指上意为“示爱”；戴在中指上表示正在恋爱中；戴在无名指上表示已订婚或结婚；戴在小指上则表示我是独身者。项链、耳环的选择也要适合自己的身体条件，并注意与服装的款式和色彩搭配。

2. 头饰（发带）

头饰（发带）的款式应根据发型来选择，颜色要与服装的颜色相协调。头饰（发带）的颜色最好与所穿服装的主色调一致，至少要与服装色彩中的一种颜色相呼应。头饰本身的颜色不要超过两种，而且这两种颜色也应协调。一件头饰最得体，多则使人眼花缭乱，反而不美了。

3. 腰带

腰带具有装饰美化作用。通过系腰带部位的上下移动，可以调节人上下体的比例；腰带的色泽深浅、宽窄度差异，能够制造视觉错觉，调节人体腰身的粗细。腰带质地以纯皮的为好，颜色应与皮鞋的颜色相配。腰带扣要简洁。

4. 围巾

围巾不但有保暖作用，而且具有装饰美化的功能。围巾的色彩、款式要与整体服装相协调。围巾的颜色最好与服装中的某种颜色相同。另外，穿暗色的衣服宜选用色泽鲜艳的围巾；衣服色彩艳丽，围巾则应素雅些，否则让人感觉杂乱。围巾的系法有多种，视情况可包头、围颈、披肩和束腰。围巾的不同色彩和系法可以产生不同的视觉效果。如果要将围巾打结或系起来，最好选择100%的丝绸面料。

“丝巾”微课视频

5. 袜子

丝袜是用来衬托裙装的，颜色最好为肉色，即与肤色相近或比肤色稍深。袜口不要暴露在别人的视线内，即裙摆与袜口之间不能露出一截腿。一般来讲，厚袜子应配低跟鞋，鞋跟越高，袜子越薄。穿浅色皮鞋时不要穿黑袜子，否则一旦跳丝很容易看出来，而且黑袜子看上去很像紧身裤。白色棉袜只适合配旅游鞋。带图案的袜子，容易引人注意你的腿部，最好不要穿。应随身携带一双备用的丝袜，以便袜子被刮破后替换。一旦袜子出现跳丝，涂无色指甲油可防止跳丝继续扩展。

6. 鞋

应着传统的皮鞋，不要穿凉鞋、松糕鞋或又长又尖的鞋。要注意保持皮鞋的光亮清洁。鞋跟高度以 2.5 厘米至 5 厘米为宜。尽量避免穿后跟用带系住的或露脚趾的鞋。鞋的颜色应与衣服的颜色搭配得当，一般要与衣服下摆一致或再深一些，这样可以使人在视觉上显得高一些。工作场合应选用中性颜色的鞋，如黑色、藏青色、暗灰色、灰色，而不要穿红色、粉红色、玫瑰红色和黄色的鞋。如果鞋与服装的颜色不一致，会把别人的注意力吸引到脚上。

7. 手提包和手提箱

手提包和手提箱的质地最好是皮革的。手提包上不要带有设计者的标签；手提箱可以用硬衬，也可用软衬。手提包的颜色可以随着季节及服饰的变化而变化，即与服装和鞋的款式、颜色配套：或与服装的色彩一致，或采用对比色做点缀。当然，手提包和手提箱最实用的颜色是黑色、棕色和暗红色。

8. 眼镜

戴眼镜的人，应根据自己的脸型选择眼镜，如方脸型戴上翘镜架、椭圆形或圆形镜框的眼镜，可使脸庞显出曲线的柔美；圆脸型戴长方形等几何形的眼镜，也可修饰脸型。

9. 其他

工作场合的着装要整洁、大方、高雅、规范，不能穿超短裙、露脐装或拖地长裙，不要穿得过分艳丽或新潮，不能穿薄、露、透的服装。领口不要开得太低；除头部之外，其他位置的毛发最好不要暴露。不允许赤脚，天气再热也要穿袜子。另外，内衣要合身。

课堂实训

1. 实训环境：形体实训室。

2. 实训要求：掌握着正装的基本要求；掌握女士套装的穿着方法。

3. 实训过程：要求遵守穿着的原则。

实训项目	实训要求	操作规范
正装的穿着	（1）外观整洁	1）保证正装无褶皱；2）保证正装无残破；3）保证正装无脏物；4）保证正装无污染；5）保证正装无异味。
	（2）文明着装	正装穿着雅观，避免出现4个方面的禁忌：过分裸露；过分薄透；过分瘦小；过分艳丽。
女士套裙的选择	（1）上衣与裙子的选择	1）上衣和裙子的面料与颜色应相同；2）套裙的面料应以素色、无光泽的为好；3）上衣袖子一般应到手腕；4）裙子的长度应到膝盖。
	（2）衬衫及内衣的选择	1）衬衫的颜色以白色为主；2）内衣应当柔软贴身，并且要大小适当。
	（3）衬裙的选择	穿套裙时，尤其是穿丝、棉、麻等薄型面料或浅色面料的套裙时应当穿衬裙。
	（4）鞋袜要与套裙相配	1）与套裙配套的鞋子，宜为高跟、半高跟的船式皮鞋或盖式皮鞋；2）袜子最好是肉色的高筒袜或连裤袜。

二、男性的着装技巧

他山之石

小刘和几个外国朋友相约周末聚会娱乐，为了表示对朋友的尊重，星期天一大早，小刘就西装革履地打扮好。北京的八月天气酷热，他们来到一家酒店就餐，边吃边聊，好不开心！可是不一会儿，小刘已是汗流浃背，不住地用手帕擦汗。饭后，大家到娱乐厅打保龄球，小刘不断为朋友鼓掌叫好。在朋友的强烈要求下，小刘勉强答应打一局。他站起来整理好服装，摆好姿势用力把球投出去，只听到“嚓”的一声，上衣的袖子扯开了一个大口子。

小组讨论：

以“不同场合的着装要求”为主题展开讨论，联系本案例分析小刘着装的不妥之处。

男性在服装上的选择虽然比女性少，但这并不意味着男性对服饰的选择就可以不注意。事实证明，男性恰当的着装同样可以反映其个性特点和独特品位，有助于树立良好的社交形象。

男性职业服装一般分两种类型，即两件套西装和运动式夹克配长裤。

“男士面试着装规范”微课视频

（一）两件套西装

西装是一种国际性服装，也是现代许多场合中男性穿用最多的一种服装。穿西装时，符合穿着规范，才能显得潇洒、精神、有风度。

1. 讲究规格

西装有两件套、三件套之分，正式场合应着同质、同色的深色毛料套装。两件套西装在正式场合不能脱下外衣。按国外的习俗，西装里面不能穿毛背心或毛衣。在我国，至多也只能加一件“V”字领羊毛衫，否则会显得臃肿，破坏西装的线条美。西裤的裤线任何时候都应熨烫得挺直。

作为办公服的西装，宜为具有稳重感的单色，如浅灰色、黑色、深蓝色、米色等，质地最好是中等厚的毛料织物。

2. 注意顺序

西装着装的顺序是：梳头发→换衬衫→着西裤→穿皮鞋→系领带→穿上装。这种顺序是一种规范，也可以说是一种礼仪。

3. 穿好衬衫

衬衫通常为单色，多用蓝色、白色，不能过于花哨。领子要挺括、干净。衬衫下摆要掖进裤子，不能露在外面。系好领扣和袖扣，衬衫衣袖要稍长于西装衣袖 0.5～1 厘米，领子要高出西装领子 1～1.5 厘米，以显示衣着的层次。非正式场合可不系领带，此时，衬衫领口的扣子应解开。

4. 系好领带

“领带”微课视频

西装脖领间的“V”字区最为显眼，领带应处在这个部位的中心，领带的领结要饱满，与衬衫的领口吻合要紧凑，领带的长度以系好后下端正好在腰带上端为最标准。如穿背心，领带要放入背心里面。领带结的大小应与所穿的衬衫领子的大小成正比。领带夹一般应夹在衬衫第三粒与第四粒扣子之间，西装系好纽扣后，领带夹不能外露。

选择领带时，色彩恰当很重要。要根据个人的自身条件（如肤色、脸型），着装环境，尤其是衬衣和西装的颜色来选择。领带与西装的颜色要互相衬托，而不要完全相同。一般来讲，灰色系的服装可以与任何花色的领带搭配；浅色西装配深色衬衣，再配一条与西装的色彩、明度相近的领带比较协调；穿白色或素色的衬衣，很适合配带图案的领带。领带最好选择真丝面料的，显得优雅且四季咸宜。

5. 用好衣袋

西装上下衣的口袋很多，但不能随便装东西。上装外面左胸口的衣袋是专门用于插装饰性手帕的，下面的两个口袋只作装饰用，一般不放物品，否则会使西装上衣变形。西裤前面的裤兜亦不可装物品，可用于插手（站立时可将手插在裤兜内，行走时一定要把手拿出来）。

6. 系好纽扣

双排扣的西装要把纽扣全部系上，以示庄重；坐下时也可将最下面的扣子解开。单排两粒扣的西装，只扣上面一粒纽扣是正规穿法；三粒扣的，则扣中间一粒。单排扣的西装扣子也可以全部不扣，显得潇洒；如果将全部扣子都扣上，会显得土气。

7. 穿好皮鞋

穿西装一定要穿皮鞋，裤子要盖住皮鞋鞋面。男性的皮鞋最好是黑色或与衣服同色的，正式场合还应当是黑色、无花纹、系带的。穿西装时不能穿旅游鞋、轻便鞋或布鞋、露脚趾的凉鞋，也不能穿白色袜子、色彩鲜艳的花袜子和半透明的尼龙或涤纶丝袜。男性宜着深色线织中筒袜。

（二）运动式夹克配长裤

运动式夹克和长裤的颜色应形成一定的对比，以保持它们较随意的风格。

颜色的选择：棕色或驼色的运动式夹克配蓝色裤子，深色的夹克搭配颜色较浅（如黄褐色或米色）的长裤，效果都不错。

面料的选择：与西装一样，夹克的质地应为纯毛、混纺、纯棉或混合丝的；长裤应为纯毛华达呢、混纺。格子花呢面料在正式场合显得过于随便，不宜选用。

（三）衬衫

男性配西装的衬衫必须是长袖的，即使在夏天也不例外。夏天穿短袖衬衫，如系领带，应将衬衫下摆塞在裤内：不系领带，则不宜将下摆塞在裤内。

颜色的选择：最好选择单色的。白色最佳也最安全；浅蓝色效果也不错。在有的地方，灰褐色、红色细条纹的也可以。不要选择淡紫色、桃粉色和带格子、圆点、宽条纹的衬衫。

面料的选择：最好是纯棉的，但要保证浆洗过并熨烫平整。

课堂实训

1. 实训环境：形体实训室。

2. 实训要求：掌握西装选择的基本要求；掌握男士西装的穿着方法。

3. 实训过程：要求遵守穿着的原则。

实训项目	实训要求	操作规范
西装的选择	(1) 西装的外套必须合体	1) 上衣：过臀部；2) 手臂伸直时，袖子的长度应达到腕部。
	(2) 西裤要合体	1) 西裤的腰围应是裤子穿好拉上拉链、扣好裤扣后，裤腰处能正好伸进一只五指并拢的手掌；2) 西裤穿好后，裤腿的下沿正好触及地面，并确保裤线笔直。
	(3) 衬衫要合适	1) 衬衫可以是白色无花纹衬衫；2) 扣上衬衫领子扣以后还能自由插进自己的一个食指；3) 袖子的长度与领子的高度应比西装上衣的袖子和领子稍长、稍高。
	(4) 领带要与西装相协调	1) 领带应为素色花纹的；2) 西装里若穿羊毛背心，则应将领带放进背心里面；3) 服务人员在穿着西装时最好夹上领带夹。
	(5) 鞋和袜要与西装相协调	1) 皮鞋的颜色一般应与西装的颜色相近，配深色的西装以黑色皮鞋为最好；2) 袜子的颜色应与皮鞋的颜色相近，或者是西装颜色与皮鞋颜色的过渡色。
西装的穿着要领	西装的穿着要符合规范要求，服务人员切忌触犯禁忌	1) 西装要干净、平整，裤子要熨出裤线；2) 衬衫领头要挺括，衬衫里一般不要穿秋衣，如果穿了，不宜把领圈和袖口露在外面；3) 衬衫的下摆要均匀地塞进裤内；4) 穿西装可以不系扣，但服务人员在正规场合需系扣；5) 为保证西装不变形，上衣袋只作为装饰物，包括必要时装折好花式的手帕，裤兜与上衣袋一样只作为装饰物，以保证裤形美观；6) 无论是衣袖还是裤边，皆不可卷起；7) 皮鞋一定要上油擦亮。

(四) 服饰及其他附件

1. 首饰

男性除了戴结婚戒指之外，最好不佩戴其他首饰，而且最多每只手只戴一枚戒指。

2. 手表

手表既是实用性物品，亦可作为装饰性用品。一般在社交、上班场合应选择正宗高档的手表。男性以戴纯银、金质或不锈钢制的手表为宜。皮表带的颜色要与腰带、皮鞋的颜色一致。

3. 腰带

要选择纯皮的腰带，颜色应为黑色、棕色或暗红色，并与鞋的颜色相配。皮带扣要简洁。

4. 袜子

袜子要长一些，到小腿中部最好，以免坐下后露出腿上的皮肤和汗毛。选择尼龙袜或薄棉袜均可，袜子的颜色应为黑色、棕色或藏青色，不要穿白色、米色、浅色或图案明显的袜子，否则会吸引别人的注意。也可选用与长裤颜色相同或相近的袜子，但穿黄褐色裤子例外，这时的袜子应与鞋相配。

5. 鞋

鞋的选择很重要，应尽量选择系带或无带扣皮鞋。鞋的颜色应该比裤子的颜色深。黑皮鞋可以配灰色、藏青色或黑色裤子，深棕色的鞋能够配黄褐色或米色裤子。

6. 手提箱和钱包

手提箱应是皮质的，颜色宜为棕色、黑色或暗红色。钱包不要放在西裤后边的裤袋里，否则会影响美观。

三、职业便装

职业便装是职业服装的一种，适用于会议、公司组织的野餐会或办公室“非正式着装日”等场合。它和其他传统职业服装一样，也要求干净合体、熨烫平整。

女性的职业便装包括：衬衫、裙子；套裙；长裤，衬衫配夹克衫等。一般应穿平底鞋，不穿凉鞋；除参加体育活动外，不要穿运动鞋。

男性的职业便装包括：长裤配衬衫；有领的棉 T 恤衫或毛衣，牛仔裤（不要穿有破洞的牛仔裤）。可以穿平底便鞋和无带扣便鞋。

四、相关知识

（一）服装色彩搭配

“先看颜色后看花。”色彩是体现服装艺术的重要因素，从某种意义上说，其重要性要甚于面料。服装的色彩分为暖色调（红、橙、黄等）、冷色调（紫、蓝、绿等）和中和色调（白、黑、灰等）。一般说来，暖色调给人以温暖、华贵的感觉；冷色调往往使人感到凉爽、友好；中和色调则给人平和、稳重、可靠的感觉。着装首先要注意色彩的协调。

上班场合宜遵循“三色原则”，即从头到脚服饰的颜色不超过三种。其他场合虽可随意一些，但也要注意色彩搭配适当。俗话说，没有不美的颜色，只有不美的搭配。

服装色彩搭配是很有学问的，下面介绍一些简单易行的配色方法：

同色搭配：根据色彩明暗度的不同来搭配，即把同一色系的颜色（包括色谱上相邻的颜色，如橙与黄、蓝与绿）按深浅不同进行搭配，营造一种和谐的美感。这种搭配要求服装上深下浅、外深内浅，或相反。但要注意，深浅颜色不能太接近。

红色适宜与金黄色、银灰色、灰棕色、黄色、白色搭配，与黑色搭配效果最佳。橙色与黑色搭配可形成强烈的视觉冲击，引人注目；再加上白色，则显得清新悦目，适宜在秋冬季节的休闲场合穿着。黄色与褐色搭配效果最好；与其他鲜艳色搭配，显得华丽活泼，适用于运动及休闲场合穿着。粉红色与灰色系搭配，显得青春妩媚，充满魅力；配白色，显得清新娇美，最能博取别人的好感。绿色可与灰色、褐色、灰棕色、黑色搭配，而与白色搭配效果最佳。浅蓝色与粉色系搭配显得优雅恬美、清新可人，极适合少女穿着；配黄色系显得朝气蓬勃，适用于户外；配同等明度的灰色显得高贵典雅，适合职业女性穿着。深蓝色与白色搭配效果极好。灰色适宜与暖色系搭配，如红、粉红、桃红等。褐色配色范围很广，与含有褐色调的褐绿、褐黄、褐红搭配，显得老练而稳重；与黄色搭配效果极佳。黑色除深暗色调外，与其他颜色基本上都可搭配，尤其适宜与暖色系搭配；金黄色也是它的最佳配色之一。

（二）服饰穿戴选择的基本原则

1. 服饰的选择要与穿戴者所处的环境相协调

可以把所处的具体环境分为公务、社交和休闲三大类型。置身于不同的环境、不同的场合，应该穿着不同的服饰。上班时着装应庄重、大方、传统，适合穿制服、西装、中山装、套裙、连衣裙；社交时的穿戴则要时尚、典雅，展现个性，适于穿礼服、时装和民族服装等；休闲时的衣着要求方便、自然、舒适、得体，适于穿家居便装、牛仔装、运动装等，休闲场合不宜佩戴饰物。

2. 服饰的选择要与穿戴者的社会角色相协调

在生活中，每个人都扮演着不同的社会角色。社会心理学家认为，不同的社会角色必须有不同的社会行为规范，在服饰方面也应显示自身的职业特点和敬业精神。比如警察的服装庄严威武，秘书的服装端庄大方，教师的着装朴素雅致，宾馆服务员的职业装美观大方，等等。总之，一定要注意使自己的服饰与自己所扮演的社会角色、与自己的职业身份相协调。

3. 服饰的选择要与穿戴者的自身条件相协调

在选择服装时，必须考虑自己的肤色、身高、胖瘦等身体条件，充分利用服饰的质地、色彩、图案、造型和工艺等因素的变化，扬己之长遮己之短，达到美化自己的目的。比如，肤色偏黑者，一般不宜穿黑色以及深蓝、深紫、深褐、大红色的服装，也不宜选用色调过浅的服装；而适宜选用颜色稍浅、色调又不太鲜艳的服装。肤色黑红者，最好不要穿粉红、淡绿色的衣服。肤色呈暗褐色的人，则不要选择咖啡色衣服。肤色较黄者，应避免穿着蓝、绿、紫、粉等色彩的服装，也不宜选用米黄色、土黄色等色调的服饰。体型胖者不宜穿大花的或带方格、花纹的衣服，应选择色彩强度较低、较深暗的服装；体型瘦者可选明度和纯度高的鲜艳色调，可以随意选择花形图案，要避免选择灰暗、单调的颜色。身材矮小者适宜穿造型简洁、色彩明快、小花形图案的服饰。

4. 服饰的选择要与穿戴的时节相协调

如果反季节穿戴，会令人感到滑稽可笑。

总之，服饰是一个整体，是成功美化人的形象的基础。服饰与发型、脸型、肤色、年龄、身份、环境、季节相协调，才会取得良好的着装效果。

课堂实训

1. 实训环境：形体实训室。
2. 实训要求：掌握佩戴饰品的要求。
3. 实训过程：规范佩戴饰物。

实训内容	实训要求	操作规范
饰品佩戴	符合身份	一般工作人员宜选戴简单的金银饰品。
	以少为佳	（1）在工作岗位上可以不佩戴任何饰品。 （2）选择、佩戴饰品，不应超过两件。

续前表

实训内容	实训要求	操作规范
饰品佩戴	区分品种	（1）戒指：在工作岗位上，允许佩戴纯金或纯银戒指一枚。 （2）项链：在工作岗位上，允许佩戴纯金或纯银的项链，但链子不可过长。 （3）耳环、耳钉：在工作岗位上，不允许佩戴耳环，但女性服务人员可以佩戴耳钉。 （4）手链、手镯：在工作岗位上，服务人员不宜佩戴手链和手镯。 （5）胸针：在工作岗位上，女性可以佩戴胸针，但不可以与工作号牌等同时佩戴。 （6）发饰：在工作岗位上，女性可以佩戴实用性较强的发饰，但头花、发箍不宜在上班时选用。 （7）脚链：在工作岗位上，不允许佩戴脚链。
	协调得体	（1）穿制服时的要求：不宜佩戴任何饰品。 （2）穿正装时的要求：不宜佩戴工艺饰品，特别是不宜佩戴那些被人视为另类的工艺饰品。 （3）协调性要求： 1）要使饰品在质地上大体相同。 2）要使饰品在色彩上保持一致。 3）要使饰品在款式上相互协调。

第三节 仪态礼仪

他山之石

被日本人誉为“推销之神”的原一平，原来只是一个其貌不扬、普普通通的年轻人。后来，他悟出了一个重要的道理：“容貌”和“长相”不是一回事。一个人会不会笑，笑得美不美，这属于“容貌”问题，而不是“长相”问题。想通了这个道理，他就下决心要通过学习来“掌握”一种最纯真、最甜美、最动人的微笑，使别人一见到自己就有一种好感，就愿意听自己说话，愿意和自己交谈。原一平先照着镜子，做了一番“调查研究”。他发现，虽然自己能做出30多种不同的笑，但这30多种笑都达不到“最纯真、最甜美、最动人”的标准。于是，他无论是走在马路上还是坐在电车上，时时都在寻找可以效仿的对象。最后，他终于找到了一种最纯真、最甜美、最动人的笑，那就是婴儿的笑。又经过一段时间的揣摩和练习，他也能笑得像婴儿那样纯真、甜美、动人了。这为他取得事业上的成功创造了极为有利的条件。

小组讨论：

微笑重要吗?

一、表情礼仪

表情，即面部表情，是人内心的思想感情在面部的外化。罗曼·罗兰说：“面部表情是多少世纪培养成的语言，它比嘴里讲的要复杂千百倍。”在人际交往中，表情真实可信地反映着人们的心理活动与变化。传播学认为：在人们接收的信息中，7%来自词汇，

38%来自音调，55%来自面部表情。可见，面部表情在人际交往中起着重要的作用。

表情礼仪总的要求是：理解表情，把握表情，以自己轻松、自然、热情、友好的最佳表情示人。构成表情的主要因素有二：一是目光，二是微笑。

(一) 目光

目光，也称眼神，是面部表情的核心。泰戈尔说：“（任何人）一旦学会了眼睛的语言，表情的变化将是无穷无尽的。”

眼睛被称为人类的心灵之窗，它能够自然、明显、准确地表现人的心理活动。

1. 目光的作用

(1) 传递真实信息。

目光是一种真实、含蓄的语言。人们的喜怒哀乐、爱憎好恶等思想情绪，都能从眼睛中表现出来。研究表明，眼睛的瞳孔受中枢神经控制，能如实地显示大脑正在进行的一切活动。当人们看到有趣的或心中喜爱的东西时，瞳孔就会扩大；而看到不喜欢的或厌恶的东西时，瞳孔就会缩小。可以说，瞳孔是人的兴趣、偏好、动机、态度、情感和情绪等心理活动的高度灵敏的显像屏幕。所以早在 2 000 多年前，孟子就说：“听其言也，观其眸子”（《孟子·离娄上》）。

目光接触时间的长短，也表达着一些信息。心理学实验表明，人们视线接触的时间，通常占交往时间的 30%～60%。如果超过 60%，则表示彼此对对方的兴趣可能大于谈话的内容；低于 30%，则表明对对方本人或交谈的话题没有兴趣。

(2) 展示交际形象。

在与人交往中，不同的目光会给人留下不同的印象。目光亲切、友善，给人以平易近人的印象；目光炯炯，给人以精力旺盛的印象；目光坦然，给人以值得信任的印象；目光如炬，给人以富有远见的印象。反之，目光迟钝，给人以衰老、虚弱的印象；目光闪烁，给人以神秘、心虚的印象；等等。

(3) 表达相互尊重。

在人际交往中，用自信、坦率的目光正视交际对象，将视线停留在对方双肩和头顶所构成的这个区域内，能够表达出诚恳与尊重。在来宾众多或不方便逐一打招呼的情况下，用目光向其他客人示意，能消除他们的被冷落感，使其感受到尊重和欢迎。

2. 运用目光的礼仪

目光是一种重要的礼仪。在目光接触中，注视的部位、角度和时间不同，表明双方的关系也不同。

（1）注视的部位。

注视的部位分以下三种：公事注视，即人们在洽谈业务、磋商交易、交办任务和商务谈判时所使用的一种注视，位置在对方双眼或双眼与额头之间的区域。社交注视，即人们在社交场合所使用的一种注视，位置在对方唇心到双眼之间的三角区域。亲密注视，是亲人或恋人之间使用的一种注视，位置在对方双眼到胸之间的区域。

（2）注视的角度。

注视的角度不同，目光的含义也不同。俯视，一般表示“爱护、宽容”或“傲慢、轻视”；正视，一般为“平等、公正”或“自信、坦率”；仰视，一般体现“尊敬、崇拜、期待”；斜视，表示“怀疑、疑问、轻蔑”。初次见面，视线左右扫描，表明已占据优势。交往中视线朝下，手扶着头，眼皮下垂，是“不耐烦”的表现。在与人交谈的过程中，目光以温和、大方、亲切为宜，多用平视的目光，双目注视对方的眼鼻之间，表示重视对方或对其发言颇感兴趣，同时也体现出自己的坦诚。

（3）注视的时间。

注视对方时间的长短也传递着信息。注视对方的时间少，表示冷落、轻视或反感；长时间注视对方，特别是对异性盯视和对初识者上下打量，是失礼的行为，往往会使对方把目光移开，以示退让，也会引起对方心里不快，从而影响交际效果。

在交往中，目光注视时间的长短，要视关系亲疏和对对方的重视程度而定。一般而言，对初次接触的人，不能直视对方，应先平视一眼，同时微笑、点头、问候或握手，然后转视他人或四周，避免相互长时间对视。对于熟人、故交，或为了对交往对象表示友好、重视，注视对方的时间则长一些。在谈话中，目光与对方接触的时间累计应达到整个谈话过程的50％～70％，而听的一方注视的时间比说的一方要长一些。有时双方目光会出现对视，此时不要迅速躲闪，而应泰然自若地缓慢移开。当然，注视不是凝视，如果盯住对方脸上的某一部位，会使其感到不自然；应该用“散点柔视”。

（4）其他要求。

要想达到最佳交际效果，必须学会巧妙地使用目光。比如，见面握手、问候时，要亲切、热情地望着对方；与人交谈时，要善于对对方的目光做出积极的反应；当询问对方身体及家人近况时，用关切的目光；征询对方意见时，用期待的目光；在对方表示支持、合作意向时，用喜悦的目光；在得知对方带来好消息时，用惊喜的目光；对对方谈话内容感兴趣时，用关注的目光；听到有启发性的意见时，用赞赏的目光；中间插话、转移话题或提问时，用歉意的目光；要给对方亲切感，用热情而诚恳的目光；要给对方稳重感，用平静而诚挚的目光；要给对方幽默感，用俏皮而亲切的目光；送别客人时，要“目送”客人远去，以示尊敬友好。那种故意回避对方或闪烁不定的目光，会造成交流的障碍。但当双方缄默不语或别人失言时，不应再注视对方，以免加剧已有的尴尬。总之，应最大限度地运用目光的表现力，创造最佳的交际氛围。

（二）微笑

在人的面部表情中，除目光之外，最动人、最有魅力的就是微笑。它是沟通双方心灵的润滑剂，是最能打动人的无声语言，被称为“世界语”。

“微笑礼仪”微课视频

1. 微笑的作用

微笑是人际关系的黏合剂，是“参与社交的通行证”，也是待人处世的法宝。在人际交往中，微笑起着重要的作用。

（1）融洽气氛。

微笑有一种天然的吸引力，是人际交往中的润滑剂。它能使人相悦、相亲、相近，能有效地缩短双方的心理距离，打破交际障碍，为深入的沟通与交往创造真诚、融洽、温馨的氛围。

当你第一次踏入社交场合，或第一次与客人交往时，不免会感到紧张、羞怯，微笑可以使你镇定，帮你摆脱窘境；而对方的友好微笑可以化解你的局促。在交谈中，表示友善、欢迎、亲切，要面带微笑；表示请求、道歉、拒绝，更应面带微笑。如让人久等了，边微笑边说“对不起”，可以消除对方的怨气。人们总习惯以消极的表情语来表达否定的意思，其实若在人际交往中用积极的表情语——微笑来表达拒绝，会免去对方的尴尬，更容易使人接受。

（2）减少摩擦。

微笑是一种特殊的情绪语言，它可以起到有声语言所起不到的作用。它是一个人对他人态度诚恳的一种表现，能给人以亲切、友好的感受，帮助对方驱散笼罩在心头的阴云，消除误解、疑虑和隔阂。

微笑是善意的标志、友好的使者、礼貌的表示。当碰到他人向你提出不好满足的请求或要求时，若板起脸来拒绝，往往会招人反感。微笑不但可以为你赢得思考的时间，而且可以使你的拒绝让人容易接受，不伤和气地解决问题。

（3）美化形象。

微笑给人以亲切、甜美的感受，是一个人最美的神态。微笑作为一种表情，不仅是人的形象的外在表现，也是人的内在精神的反映。一个善于微笑的人，心理一定是健康的，因为笑口常开的人，一定是一个心地善良、心胸豁达、乐观向上的人，是一个热爱工作、奋发进取、充满自信的人。可以说，微笑是礼仪的基石，也是一个人礼仪修养的展现。因此，善于微笑的人，往往会赢得他人的好感和信赖。

2. 微笑的规范

微笑是社交场合最富有吸引力的面部表情。

（1）基本要求。

微笑的基本要求是：真诚、自然、亲切、甜美。微笑时，面部肌肉放松，嘴角两端微翘，适当露出牙齿，不发声。

（2）其他要求。

微笑要发自内心，要真诚、得体，不能强作欢颜。服务行业有的机构要求服务人员微笑时露出八颗牙，其实每个人笑得最美的时候，露多少颗牙是不一样的。所以，应该对着镜子找到自己最漂亮、最生动、最迷人的微笑。

有一首诗说得好："微笑一下并不费力，但它却产生无穷的魅力。受惠者变得富有，施予者并不会变得贫穷。它转瞬即逝，却往往留下恒久的回忆。富者虽富，却无人肯抛弃；贫者虽贫，却无人不能施予。它带来家庭之乐，又是友谊绝妙的表示。它可使疲劳者解乏，又可给绝望者以勇气。如果偶尔遇到某个人，没有给你应得的微笑，将你的微笑慷慨地给予他吧，因为没有人比那不能给予别人微笑的人更需要它！"

总之，人们使用微笑的表情语，再配以得体的文明用语，就会使无声语言与有声语言相得益彰。

中国风

巧笑倩兮　美目盼兮

在多情、善感的古人笔下，一个"笑"字，能达千意、抒万情："谈笑间，樯橹灰飞烟灭"，雄姿英发的周瑜，谈笑自若，年纪轻轻便建功立业，他的笑淡然、自信；"仰天大笑出门去，我辈岂是蓬蒿人"，李白的豪迈、洒脱世人皆知，怀着无限才情，他放声大笑，笑出了气度与胸襟；"醉卧沙场君莫笑，古来征战几人回"，战争残酷，胆小者瑟瑟发抖，真英雄却用视死如归的勇气笑傲沙场。

笑是人类最古老的交流方式之一。在不同的国家和文化里，语言文字可能不相通，身体姿势的含义也千差万别，但无论何时，真诚的笑容都代表着快乐与友好。

愿人人都能笑靥如花。

课堂实训

1. 准备用具：梳妆镜。

2. 实训要求：自然、亲切的目光语和微笑。

3. 实训过程：

目光语实训过程

实训内容	操作标准	注意要点
注视的部位训练	(1) 注意对方的眼神，表示自己对对方全神贯注。在问候对方、听取诉说、征求意见、强调要点、表示诚意、向人道歉、与人道别时，都应注意对方的双眼，但时间不宜过长，一般以3～5秒为宜。 (2) 注视对方的面部，最好是对方的眼鼻三角区，而不要聚集于一处，以散点柔视为宜。 (3) 注意对方的全身。同服务对象距离较远时，服务人员一般应当以对方的全身为注意点，尤其是站立服务时。 (4) 注意对方的局部，应根据需要，多加注视客人的某一部分，例如在递送物品时，应注视对方手臂。	(1) 客人沉默不语时，不要盯着客人，以免加剧对方的不安。 (2) 在为多人提供服务时，要巧妙地运用自己的眼神，兼顾每一位服务对象，既要按照先来后到的顺序对先来的客人多加注视，同时又要以略带歉意、安慰的眼神去环视一下等候在身旁的其他客人，这样既表现出善解人意与一视同仁，又可以让后到的客人感到是在宽慰，使其不产生被疏忽、被冷落的感觉。
注视的角度训练	(1) 正视对方。在注视他人时，与之正面相对，同时还须将上身前部朝向对方，以表示尊重对方。 (2) 平视对方。在注视他人时，身体与对方处于相似的高度，表示双方地位平等及本人的不卑不亢。 (3) 仰视对方。在注视他人时，本人所处位置比对方低，需抬头仰望对方，可给对方重视、信任之感。	(1) 在注视客人时，视觉要保持相对稳定，即使需要有所变化，也要注意自然，切忌对客人上上下下、反反复复地进行扫视。 (2) 在接待过程中，要特别注意不能使用向上看的目光，这种目光给人以目中无人、骄傲自大的感觉；更不能东张西望，给人以缺乏教养、不懂得尊重别人的印象。

微笑实训过程

实训内容	操作标准	注意要点
微笑的训练	(1) 嘴角微微向上翘起，让嘴唇略呈弧形，在不牵动鼻子、不发出笑声、不露牙齿的前提下轻轻一笑。 (2) 强化训练可以运用“咬筷子”的方法。	(1) 面带笑意，但笑容不可太明显。 (2) 目光柔和，双眼略为睁大，眉头自然舒展。 (3) 力求表里如一。微笑需要发自内心，做到表里如一，否则就成了“皮笑肉不笑”。微笑一定要有一个良好的心境与情绪作为前提，否则将会陷入勉强尴尬而笑的境地。 (4) 必须兼顾场合。在下列情况下，微笑是不被允许的： 1) 进入气氛庄严的场所时； 2) 客人满面哀愁时； 3) 客人有某些先天的生理缺陷时； 4) 客人出了洋相而感到极其尴尬时。 在上述情况下，如果面露微笑，往往会使自己陷入十分不利和被动的境地。

他山之石

某跨国公司招聘文秘人员，由于待遇优厚，应者如云。中文系毕业的小李同学前往面试，她的自身条件十分出众：五官端正，身材高挑、匀称；读中职的三年中，在各类刊物上发表了3万字的作品，内容有小说、诗歌、散文等；为六家公司策划过周年庆典；英语表达也极为流利。面试时，小李穿着迷你裙，上身是露脐装，涂着鲜红的唇膏，轻盈地走到一位面试官面前，不请自坐，随后跷起了二郎腿，笑眯眯地等着问话。三位面试官互相交换了一下眼色，主考官说：“李小姐，请回去等通知吧。”小李喜形于色，挎起小包飞跑出门。谁知小李最后并没有通过面试。

小组讨论：

请结合本案例，分析小李没有通过面试的原因及仪态礼仪的重要性。

仪态是对人的举止行为的统称，包括站姿、坐姿、走姿、气质和风度等。

姿态是无声的语言，它可以表现出你的修养水平，也可以表明你对他人的态度。

二、站姿

站姿是最容易表现人的特征的姿势。不同的站姿有时会传递出不同的信息。常见的站姿如图 2-1～图 2-4 所示。

图 2-1　女士前腹式站姿

图 2-2　男士侧放式站姿

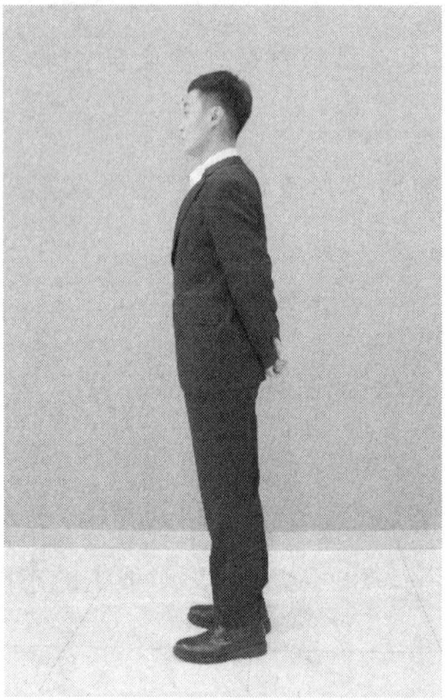

图 2-3　男士后背式站姿

图 2-4　男、女标准迎宾站姿

（一）基本站姿

头正，颈直，下巴内收，双目平视前方；嘴微闭，肩平并保持放松，挺胸收腹；双臂下垂，手指并拢自然微屈，放在身体两侧，中指压裤缝；两腿挺直，膝盖相碰，脚跟并拢，脚尖分开呈 45°或 60°角；身体重心落在两脚正中。整体形成优美挺拔、精神饱满的体态。

（二）其他站姿

站立时可以使两脚分开 15 厘米左右，与髋同宽，和肩膀平行。

两手也可以自然下垂，在腹部交叉相握。

（三）不良站姿

头下垂或上仰，收胸含腰，背曲膝松，肩一高一低，臀部后突，两脚分得很开或交叉站立，手插在衣裤口袋里或搓脸、弄头发、抱肘于胸前，玩弄衣带、发辫、衣角、手指等，双臂胡乱摆动或背着手，用脚打拍子，一条腿弯曲或抖动，身靠柱子、桌子、柜台或墙歪斜站立。

课堂实训

1. 实训环境：形体实训室。
2. 实训要求：自然、端正、自信、落落大方。
3. 实训过程：掌握规范的站姿，牢记要求和要领。

<table>
<tr><th>实训内容</th><th>操作标准</th><th>基本要求</th></tr>
<tr><td>侧放式站姿</td><td>（1）抬起头，面朝正前方，双眼平视，下颚微微内收，颈部挺直，双肩放松，呼吸自然，腰部直立。
（2）脚掌分开呈“V”字形，脚跟靠拢，双膝并严，双手放在腿部两侧，手指稍弯曲，呈半握拳状。</td><td rowspan="4">站得端正、自然、大方、稳重，要做到“立如松”。</td></tr>
<tr><td>前腹式站姿</td><td>（1）同“侧放式站姿”操作标准第 1 条。
（2）脚掌分开呈“V”字形，脚跟靠拢，双膝并严，双手相交轻握放在小腹处。</td></tr>
<tr><td>后背式站姿</td><td>（1）同“侧放式站姿”操作标准第 1 条。
（2）两脚分开呈“V”字形，比肩宽略窄些，双手在后背轻握放在腰处。</td></tr>
<tr><td>丁字式站姿</td><td>（1）同“侧放式站姿”操作标准第 1 条。
（2）一脚在前，将脚尖向外略展开，形成斜写的一个“丁”字，双手在腹前相交，身体重心在两脚上，此式限女性使用。</td></tr>
<tr><td>自行调节</td><td>站得太累时，自行调节：两腿微微分开，将身体重心移向左脚或右脚。</td><td></td></tr>
</table>

三、坐姿

“坐姿”微课视频

坐姿是日常工作中使用最多的也最重要的人体姿势，它包含的信息非常丰富，同样也有美与丑、优雅与粗俗之分。正确的坐姿，能给人安详端庄的印象；不正确的坐姿，会显得懒散无礼。

（一）基本坐姿

基本坐姿亦称为“正坐”，如图 2－5、图 2－6 所示。坐下后，腰背挺直，稍向前倾，双肩放松；小腿与地面垂直，双脚自然着地；臀部坐椅子的 2/3，背部不要靠在椅背上。如果不是坐在桌前办公，男性膝部可分开，不超过肩宽，双手自然弯曲，置于大腿中前部，或双手相握置于下腹部，体现出男子汉的自信、豁达；女性膝盖以上并拢，表现出庄重与矜持，右手搭在左手上，置于大腿中部。女性穿裙装入座，应用手将裙后摆稍稍拢一下，再慢慢坐下。如果坐在桌前办公，上身挺直前倾，前臂自然放于桌上。

图 2－5　两脚完全并拢坐姿

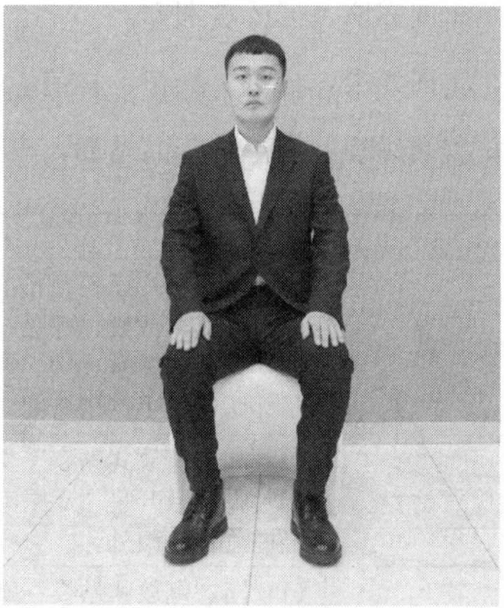

图 2－6　男士正确坐姿

（二）其他坐姿

坐姿应与环境相适应，不同场合可以采用不同的坐姿。

（1）开关式坐姿：坐正，女性双膝并紧，两小腿前后分开，两脚前后在一条线上；

男性既可两小腿前后分开，也可左右分开，两膝并紧，双手交叉于双膝上。

（2）重叠式坐姿：腿向正前方，跷起一条腿架在另一条腿上，女性要尽量使上面的小腿收回平行直下，脚尖绷直向下，如图 2－7 所示。

（3）交叉式坐姿：两脚前伸，一脚置于另一脚上，在踝关节处交叉，如图 2－8 所示。

图 2－7　重叠式坐姿

图 2－8　脚踝交叉式坐姿

落座时动作要协调，声音要轻。通常是从椅子的左边入座和退席。多人入座时，除有上座的专门规定外，通常是由左边开始坐，站立时也要站在椅子的左边。女性起立时，可一只脚向后收半步，而后站起。

（三）不良坐姿

（1）叉开双腿。女性落座后，两膝以上应全方位并拢，斜放时也同向一个方向斜。男性两膝也不能分得太开，两脚并拢而两膝外展是不美观的。

（2）伸腿、摇腿和抖腿。两腿笔直前伸，或一腿盘在另一腿上，腿脚摇晃或不断颤抖等，均显得粗俗无礼。

（3）东趴西歪，弯腰弓背，或手托下巴，或把脚放在桌子或椅子上。

（4）有时把一条腿跷在另一条腿上，会给人一种高贵大方的感觉，但女性要注意不能把衬裙露出来。二郎腿不能跷得太高，跷得很高且摇晃很不雅观。在东南亚国家，让别人看到鞋底或脚尖指向别人都是对别人的严重不敬。

中国风

古人怎么坐

坐姿一：踞，伸开腿坐

古人非常注重礼仪，即使独处，仍得谨慎。有一天，孟子要休妻，孟母问其故，曰：踞。意思是：娘子竟然伸开腿坐……箕踞而坐在孟子生活的那个时代被认为是难看且失礼的。孟母批评孟子说：你乘人不备，乱闯人家的私人空间，才是真正无礼！于是孟子自责，不敢休妻。

坐姿二：跪

清代，皇帝在养心殿召见品级高的大臣时，大臣先跪下向皇帝问安，待皇帝回答后，起身走至设在御前的那些毡垫子上再跪下回答皇帝的问话。毡垫子是皇帝体恤品级高的大臣，品级低的官员就直接跪在殿内铺设的冷硬金砖上，甚至只有跪在殿外的分儿。在古代，最恭谨的"坐"就是跪，这种双膝着地、上身重量落在脚跟上的坐姿，在物理上最省空间，在精神上是最大的自我约束，在形式上表示最高的敬意，是名副其实的臣服。

坐姿三：跽

跽就是挺直上身，两膝着地。官殿内君臣商议，机灵的大臣会按皇帝说话的内容，将腰板挺直，既稍舒关节，同时也是对圣训各重点作殷切关注、尊敬和赞叹的身体语言。但跽又有准备站起来的意思。大臣跪、跽交替要拿捏得准，否则会让皇帝误会是不耐烦。

坐姿四：盘踞

古人除跪坐外，较轻松的是盘膝而坐，"盘踞"在地上、床上，都不算失礼。唯"踞"而不"盘"就于礼不合了！前面提过孟子夫妇之间便"踞"出一场风波。历史上够格在大场面中傲踞而坐的，只有荆轲，他在刺秦王失败后，负伤"倚柱而笑，箕踞以骂"（《史记·荆轲传》），后人都认为这是他英雄气概的表现。

课堂实训

1. 实训环境：形体实训室。

2. 实训要求：自然、端庄、稳重。

3. 实训过程：掌握规范的坐姿，牢记要求和要领。

实训内容	操作标准	基本要求
基本坐姿	(1) 入座时要轻而缓，走到座位前面转身，右脚后退半步，左脚跟上，然后轻轻地坐下。 (2) 女性穿裙子时需要用手将裙摆向前拢一下。 (3) 坐下后，上身挺直，头正目平，嘴巴微闭，面带微笑，两手相交放在腹部或两腿上，两脚平落在地面。男性两膝间的距离以一拳为宜，女性则以不分开为好。	坐姿的基本要求是“坐如钟”。具体要求是：坐得端正、稳重、自然、亲切，给人一种舒适感。
两手摆法	有扶手时，双手轻搭扶手或一搭一放。无扶手时，两手相交或轻握放于腹部；也可左手放在左腿上，右手搭在左手背上，两手呈八字形放于腿上。	
两腿摆法	(1) 凳面高度适中时，两腿相靠或稍分开，但不能超过肩宽。 (2) 凳面低时，两腿并拢，自然倾斜于一方。 (3) 凳面高时，一腿略搁于另一腿上，脚尖向下。	
两脚摆放	脚跟靠拢，脚尖略分开；脚跟与脚尖也可以一前一后。	
“S”形坐姿	上体与腿同时转向一侧，面向对方，形成一个优美的“S”形。	
重叠式坐姿	腿向正前方，跷起一条腿架在另一条腿上，上面的腿收回平行直下，脚尖绷直向下。	

四、走姿

走姿是最能体现一个人精神面貌的姿态。从一个人的走姿，就可以了解他是欢乐还是悲痛，是热情而富有进取精神还是失意而懒散，以及是否受人欢迎等。良好的步态应该是自如、轻盈、矫健、敏捷的，它有助于健美。男士走姿如图 2-9 所示。

（一）基本走姿

走路时，目光平视，头正颈直，挺胸收腹，两臂下垂，前后自然摆动，前摆稍向里折，身体要平稳，两肩不要左右晃动或不动，或一只手臂摆动另一只手臂不动。走路出步和落地时，脚尖都应指向正前方，步幅与本人一只脚的长度相近。要步履均匀而有节奏，着地重力一致。脚不宜抬得过高，也不宜过低使鞋底擦地。

图 2-9　男士走姿

（二）注意事项

走路姿态应该是优雅、自然的，同时要保持身体挺直，不要摇晃。男性走路要显示出阳刚之美；女性则要款款轻盈，显出阴柔之美。女性穿裙子或旗袍时要走一条直线，使裙子或旗袍下摆与脚的动作显现出优美的韵律感。穿裤装时，宜走成两条平行直线，步幅稍微加大，显得活泼潇洒。

上楼时，身体自然向上挺直，头平正，整个身体重心一起移动，不能弯腰弓背，手撑大腿；下楼时，最好走到楼梯前略停一下，再沿梯而下，不能一步踏两三级楼梯。

多人一起行走时，不要并排行走或搂肩搭背；忌奔跑，即使有急事也只能快步行走；在狭窄的通道上，遇尊者、长者、女士，应主动站立一旁，用手示意，让其先走。

课堂实训

1. 实训环境：形体实训室。

2. 实训要求：自然、端庄、稳重。

3. 实训过程：掌握规范的走姿，牢记要求和要领。

实训内容	操作标准	基本要求
一般走姿	(1) 方向明确。在行走时，必须保持明确的行进方向，尽可能地使自己犹如在直线上行走，不突然转向，更忌讳突然大转身。 (2) 步幅适中。一般而言，进行时迈出的步幅与本人一只脚的长度相近，即男子每步约 40cm，女子每步约 36cm。 (3) 速度均匀。在正常情况下，男子每分钟 108～118 步，不突然加速或减速。 (4) 重心放准。行进时身体向前微倾，重心落在前脚掌上。 (5) 身体协调。走动时脚跟要先着地，膝盖在脚掌落地时应当伸直，腰部要成为重心移动的轴线，双臂在身体两侧一前一后地自然摆动。 (6) 体态优美。行走时两眼平视前方，挺胸收腹，直起腰背，伸直腿部，步伐轻松而矫健。	走姿的基本要求是“行如风”，即走起来要像风一样轻盈。具体要求为：行走时方向明确，抬头，不晃肩，两臂摆动自然，两腿直而不僵，步伐从容，步态平衡，步幅适中均匀，两脚落地成两条直线。
陪同客人的走姿	(1) 同“一般走姿”。 (2) 引领客人时，位于客人侧前方 2～3 步，按客人的速度行进，不时用手势指引方向，招呼客人。	
与客人反向而行的走姿	(1) 同“一般走姿”。 (2) 接近客人时，应放慢速度；与客人交会时，应暂停行进。	
与客人同向而行的走姿	(1) 同“一般走姿”。 (2) 尽量不超过客人，必须超过时，要先道歉后超越。	
与服务人员同行的走姿	(1) 同“一般走姿”。 (2) 不可并肩同行，不可嬉戏打闹，不可闲聊。	

五、蹲姿

在公共场所拾取物品时，采用的姿态要雅观。常见的蹲姿如图 2－10、图 2－11所示。

“蹲姿”微课视频

图 2-10　高低式蹲姿

图 2-11　交叉式蹲姿

（一）正确的拾物姿态

走到物品左边，让物品位于身体的右侧，腿取半蹲姿态。下蹲时，两腿膝盖以上靠紧或右腿压住左腿，慢慢地屈膝并且腰部用力下蹲，不弓背，用右手拾起物品。

（二）注意事项

下蹲取物，女性如果穿着低领上装，要用一只手护住胸口。拾物时不要东张西望，否则会让人猜疑；不要弯腰屈背，影响形体美观；不要采用全蹲姿态，这会使腿显得短粗；不要用不雅观的翘臀姿态，尤其是女性着短裙时。

近距离面对他人下蹲，会使他人感到别扭；近距离背对他人下蹲，显得对他人不够尊重；双腿平行叉开下蹲，显得很不文雅，在公共场所更不该采用这样的蹲姿。

课堂实训

1. 实训环境：形体实训室。
2. 实训要求：自然、优雅。
3. 实训过程：掌握规范的蹲姿，牢记要求和要领。

实训内容	操作标准	基本要求
高低式蹲姿	下蹲时，应左脚在前，右脚掌完全着地，右脚跟提起，右膝低于左膝，右腿左侧可靠于左小腿内侧，形成左膝高右膝低姿势；臀部向下，上身微前倾，基本上用左腿支撑身体。采用此蹲姿时，女性应并紧双腿，男性则可适度分开双腿。	采用蹲姿时应注意： 不要突然下蹲； 不要距人过近； 不要方位失当； 不要随意滥用。
交叉式蹲姿	交叉式蹲姿主要适用于女性，身穿短裙的女性常在公共场合采用。它虽然造型优美，但操作难度较大。下蹲时，右脚在前，左脚在后，右小腿垂直于地面，全脚着地；右腿在上、左腿在下交叉重叠，左膝从后下方伸向右侧，左脚跟抬起；上体微向前倾，臀部向下。	
半蹲式蹲姿	半蹲式蹲姿多为人们行进之中临时采用，它的基本特征是身体半立半蹲。其主要要求是在蹲下时，上身稍许下弯，但不宜与下肢构成直角或锐角，臀部务必向下，双膝可微微弯曲，其角度可根据实际需要有所变化，但一般应为钝角。身体的重心应当被放在一条腿上，而双腿不宜过度分开。	
半跪式蹲姿	半跪式蹲姿通常在下蹲的时间较长，或为了用力方便之时使用。它的基本特征：双腿一蹲一跪。其主要要求是下蹲以后，改用一条腿单膝点地，以其脚尖着地，令臀部坐在脚跟上；另外一条腿应当全脚着地，小腿垂直于地面；双膝必须同时向外，双腿则宜尽力靠拢。	

六、手势

手势在日常交际中运用得也比较多，它属于无声语言，可以起到强化或替代有声语言的作用。做手势时，五指并拢自然伸直，手心略微凹陷。女性稍稍压低食指，显得比较优雅。常见的手势如图 2－12、图 2－13 所示。

（一）注意事项

一是手势要规范、美观。我们应该了解和掌握常用手势，做出来的动作应明确热情、落落大方，与全身姿态相协调，动作幅度不要太大，应给人一种优雅、含蓄、彬彬有礼的感觉。

二是注意手势含义的地域性差异。各国手势含义的差异是很大的。同一种手势，可能有不同甚至相反的含义。比如，跷起大拇指在中国的意思是“很好”；在英国、澳大利亚和新西兰等国的意思是“搭车”，而在希腊急剧地跷起大拇指，意思是让对方“滚蛋”。不注意手势的差异性，就会造成交际障碍，甚至会惹出麻烦。

图 2－12　横摆式

图 2－13　曲臂式

三是手势要适度。在交际中，一般情况下能用有声语言讲清楚的，应尽量少用手势。

（二）常用动作、手势

1. 递接物品

若双方距离较远，递物方应主动走近接物方。如果原来是坐着的，在递接物品时双方最好都起立，含笑注视对方，用双手递接。不方便用双手时，应该用右手；用左手递物是失礼的，尤其在一些信奉伊斯兰教的地区更是如此。一般情况下，递给他人物品时，应为对方留出便于接取物品的地方，让别人感到无从下手是不礼貌的。如递交的是带有文字的物品，应将其正面朝向对方。将带尖、带刃或其他易于伤人的物品递给他人时，不要将尖、刃指向对方，而应当使其朝向自己或他处。如递剪刀时，自己拿着剪刀尖一方，而将剪刀把朝向对方。

接物品方，要等对方递过物品时，再用手去接取，切不可急不可待地从对方手中“抢”过物品。

2. 用手示意

用手势示意或招呼别人时，应该用手掌而不用手指。尤其不能在众目睽睽之下，用食指指人的鼻子，否则有挑衅之嫌。

常用来示意别人的手势有：

“请这边走”——指示行进方向。动作是手臂抬至齐胸高，以肘关节为轴，向外侧横向摆动，五指并拢，手掌打开，指尖指向行进方向。同时微笑着看着对方，并点头示意。

“在这里”——指示目标或物品的方位。指示目标时，动作也是手臂向外侧横向摆动，指尖指向前方。与指示行进方向不同的是，其手臂或者是抬至齐肩高，或者是放在身体一侧，稍稍离开身体一段距离。此动作也可用于引导方向。指示物品时，伸出手掌，指尖指向物品。

“请进”——请人进门。动作是站在客人侧前方，肘部弯曲，小臂与手掌呈一条直线，向外横摆指向行进方向，手臂高度在胸以下。如果走在客人前方，可回身伸出手臂，由体侧向体前推，手与地面成45°角，示意一下。

“请坐”——请人就座。动作是手臂由上向下斜伸指示座位，手掌可以稍微先下后上地顿一下。也可以以肘关节为轴，手由上而下摆动，指向斜下方座位处。

做以上四种手势时只用一只手臂，另外一只手臂可自然垂在身体一侧，或者背在身后。

3. 举手致意

在社交场合，有时需要举手向他人表示问候、致敬、感谢之意。在相距较远又不能高声应答的情况下，悄然无声地举手示意可以将自己对他人的友好和礼貌之情传达出去。近距离相遇举手示意时，也可以同时说一些表示友好和问候的话。

举手致意时手臂不能乱摆动，正确的做法是：全身直立，面向对方，至少上身与头部要朝向对方；目视对方，面带笑容；右手手臂由下而上，向侧上方伸至肩以上，手臂既可曲亦可直；掌心朝向对方，指尖朝上，轻轻摆动几下手掌。

在举手致意时，还要遵循一定的礼仪次序。幼者、下级、男士先向长者、上级、女士致意，对方再以同样的方式回敬。

4. 引导

引路时先礼请：“×经理，请跟我来。”或“×先生，我来领路。”

行进中，应走在客人左侧前方两三步处，步调要和客人协调，不能只顾自己前行，也不宜停下脚步与人闲聊，而应当视与客人的相识程度，微微侧身把头部和上身转向客人，与其寒暄、交谈，以示友好、热情。

遇到拐弯、上楼、下楼时，要伸手指明方向，并说：“请这边走。”“请从这里上（下）楼。”上楼时应请客人走在前面；下楼时应请客人走在后面。如果是乘电梯上楼，需向客人说明：“在×楼”，然后在电梯侧面按住门，请客人进入，自己随后跟入，并按到达楼层的开关。在电梯内不能盯视客人。电梯停稳后，要招呼：“×楼到了，请下电梯。”请客人先下。

来到会客室或办公室门口，要向客人说明："就是这里。"进入他人房间要先敲门。敲门的方法是，将右手的手指弯曲，用食指或中指不轻不重、有节奏地敲2～3下，里面有应答后再开门进入。如果门是朝外开的，要先将门拉向自己一边，请客人先入；如果门是朝里开的，要先推门进入，然后扶住门，侧身请客人进入。

客人入室后，应将其引入上座。离门越远的座位，座次越高；离门越近的，座次越低。所以，应将客人引到离门最远的座位，以示尊重。

引客人入座时，要对客人说："请坐"，并以手示意。再说"请稍候"，然后送上茶水或饮料。

5. 影响职业形象的不良习惯动作

例如，当众梳头或玩弄头发；手指不停地点敲；玩弄或咬指甲；舌头在嘴里乱动；坐立不安；嚼口香糖；用食指指人的脸，或在人背后指指点点；在公共场合大笑；不恰当的亲密举动，如触摸他人；等等。

此外，挤占他人空间也是不礼貌的。在公务活动中，不能与他人靠得太近。令人感到舒服的距离为1米左右。如果离人太近，就进入了亲近的范围（即半米至90厘米之间，一般为朋友间的距离）或亲密的范围（即零至半米之间，一般是家庭成员和情人间的距离）。

分散别人注意力的习惯动作不仅影响别人对你的印象，而且会使别人产生误解。比如在有些场合，哪怕你出于好意，表示支持地拍拍某人的肩膀，也会引起对方的反感，被看作是骚扰。

七、气质

气质是一个复杂的"化合物"，既包括与生俱来的容貌、体质、血型和微妙的遗传因素，也有后天得之的文化素养、审美情趣、价值观念。

气质如同璞石，可雕可琢，未有尽时。同时，气质也具有相对稳定性。气质有不同的类型，如质朴纯真、高雅端庄、热情奔放、雄健粗犷、温婉恬静、冷峻和冷艳、庄重深沉、浪漫和忧郁等。

从个体来看，可能是几种气质兼而有之，此消彼长，尔隐我现；或是一种气质占主导地位，其他气质略做补充。只有在加强自我素质的基础上形成一定的气质，才能充分发挥一个人的仪表之美。

八、风度

所谓风度，是指人的美好的言谈举止和仪态。它是人自身所具有的较为稳定的行为习惯的外在表现形式，即人在言谈举止中自然表现出的各种独特的语气、语调、手势、动作等。

风度虽然是通过人的音容笑貌、谈吐举止以及服饰打扮等外在形式表现出来的，但它却是人格魅力的辐射，内在气质的焕发（一般来说，风度与气质相应，气质不佳者难以有好的风度），文化素质的展示，道德修养的外化，才情趣味的表现。它是一个人慧内秀外的统一。胸无点墨、不学无术的人，不管怎么讲究仪表的华丽，也不可能具有良好的风度。

良好的风度能给人以力量、信心和美感，能引发人们对交际对象的向往，是使交际和事业成功的重要因素。良好的风度是在长期的学习、训练和修养的实践中逐步形成的。首先，要加强自身内在的涵养，使自己具有心灵美；其次，注重仪表，养成良好的行为习惯；最后，在实践中不断总结和积累经验。所谓经验，一是技术方面的，二是心理方面的。

课堂实训

1. 实训环境：形体实训室。

2. 实训要求：自然、优雅。

3. 实训过程：掌握规范的手和臂姿势。

实训内容	操作标准	基本要求
手持物品	稳妥；自然；到位；卫生。	身体其他部位姿势规范，与手势动作协调
递送物品	双手为宜；递到手中；主动上前；方便接拿；尖、刃向内。	
展示物品	便于观看；操作标准；手位正确。	
打招呼	使用手掌；掌心向外。	
举手致意	(1) 面向对方。致意时，应全身直立，面向对方，至少上身与头部要朝向对方，在目视对方的同时应面带笑容。 (2) 手臂上伸。致意时，应手臂自下而上向侧上方伸出，手臂可略有弯曲，也可全部伸直。 (3) 掌心向外。致意时，必须掌心向外，手指朝向上方，切忌张开手指。	

续前表

实训内容	操作标准	基本要求
握手	(1) 注意先后顺序。 (2) 注意用力大小。 (3) 注意时间长短。 (4) 注意相握方式。	身体其他部位姿势规范，与手势动作协调
挥手道别	(1) 身体站直。尽量不要走动，更不要摇晃身体。 (2) 目视对方。目送对方远去直至离开，若不看道别对象，会被对方理解为目中无人或敷衍了事。 (3) 手臂前伸。道别时，可用右手，也可双手并用，手臂应尽力向前伸出。 (4) 掌心朝外。挥手道别时，要保持掌心向外，否则是不礼貌的。 (5) 左右挥动。挥手道别时，要将手臂向左右两侧轻轻地来回挥动，尽量不要上下摆动。	
引导手势	(1) 横摆式：手位高度齐腰，用于引导表示“请”时的手势。 (2) 斜摆式：请对方落座。座位在哪里，手位指到哪里。 (3) 直臂式：(专业引导手势) 适合于给对方指引方向。手臂伸直与肩同高。 (4) 曲臂式：适用于单手持物或扶门时，向对方做“请”的手势。 (5) 双臂式：适用于面对众人做“请”的手势。	

中国优秀传统文化传承

汉服

汉服，意指汉族的传统民族服饰，并非人们误以为的“汉朝的衣服”。

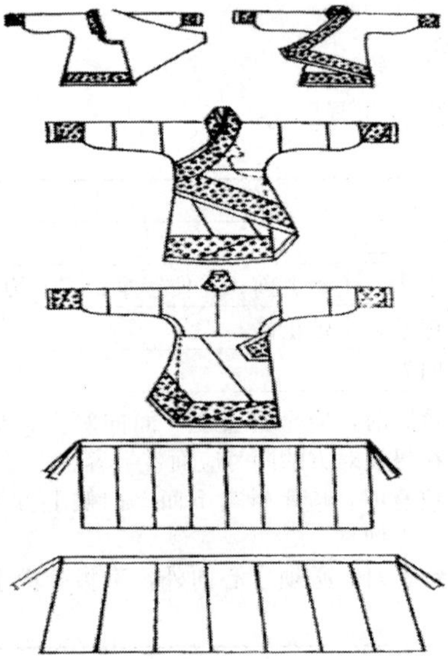

服饰在华夏文化中，除了“避寒暑、御风雨”等一系列实用功能之外，还有着“知礼仪、正名分”等特殊意义。汉族服饰几千年来的总体风格是以清淡平易为主，讲究天人合一。汉族古代的袍服最能体现这一风格，这种袍服的主要特点是宽袍、大袖、褒衣博带。衣服的上片由四块布拼接而成，意为一年有四季，深衣的下摆所用布帛共十二幅，以应一年有十二月之意。

古人普遍认为，天是圆的，地是方的。汉服的袖子皆为圆袖，意为天道圆润；汉服的交领处则成矩形，以应地道方正，衣襟向右掩，深衣的衣领交叉呈字母y形，这代表做人要有规矩，没有规矩不成方圆。古人每天穿衣时，都不断在激励自己规矩做事、规矩做人。深衣背部的正中间，有一条贯穿首尾缝合的线，叫作“中缝”。当你穿上汉服站直时，中缝垂直于地面，代表正直；下襟与地面齐平，代表权衡。《礼记·深衣》中载：“负绳抱方者，以直其政，方其义也。”背缝垂直而领子正方，象征政教不偏、义理公正。

课后任务

一、单项选择题

1.（　　）主要指包括五官在内的整个面部，它是仪表之首，其基本要求是整洁、卫生。

A. 仪容　　B. 礼节　　C. 礼貌　　D. 仪式

2. 男性的头发长度以（　　）厘米为宜。

A. 1～3　　B. 3～5　　C. 5～7　　D. 7～9

3. 服饰穿戴选择的基本原则中，不包括（　　）。

A. 服饰的选择要与穿戴者所处的环境相协调

B. 服饰的选择要与穿戴者的社会角色相协调

C. 服饰的选择要与穿戴者的自身条件相协调

D. 服饰的选择要与穿戴者的经济收入相协调

4.（　　）是沟通双方心灵的润滑剂，是最能打动人的无声语言，被称为“世界语”。

A. 目光　　B. 注视　　C. 微笑　　D. 眼神

5.（　　）是指人的美好的言谈举止和仪态，是人自身所具有的较为稳定的行为习惯的外在表现形式，即人在言谈举止中自然表现出的各种独特的语气、语调、手势、动作等。

A. 风度　　B. 气质　　C. 礼貌　　D. 手势

二、判断题

1. 女性应适度化妆。在正式场合，女性不化妆是不礼貌的。（　）

2. 按国外习俗，西服里面可以穿毛背心或毛衣。（　）

3. 在谈话中，目光与对方接触累计应达到整个谈话过程的15%～25%，而听的一方注视的时间比说的一方要长一些。（　）

4. 在一些信奉伊斯兰教的地区，人们取递物品时只能用左手。（　）

5. 社交注视是人们在洽谈业务、磋商交易、交办任务和商务谈判时所使用的一种注视，位置在对方双眼或双眼与额头之间的区域。（　）

三、简答题

1. 女性在下蹲取物时应该注意哪些事项?

2. 在用手递接物品时需要注意哪些事项?

3. 请简单谈一谈人的目光有哪些作用。

第三章

职场交往礼仪

知识目标

- 了解见面的礼仪
- 掌握握手礼仪、名片礼仪
- 掌握接待礼仪及馈赠礼仪

技能目标

- 灵活运用所学内容，演练名片交换、握手礼
- 通过实训，掌握如何进行自我介绍

案例导读

2013 年 4 月，美国微软（MS）公司创始人比尔·盖茨在前往青瓦台拜会时任韩国总统朴槿惠时，一手插入裤兜与朴槿惠握手，有人认为这是对国家元首的失礼，也有人认为这是文化差异带来的误解。5 年前，比尔·盖茨也是这样与韩国前总统李明博握手的，当时也曾引发争议。

但大多数人认为，比尔·盖茨与其他国家元首见面时也是以同样的方式握手，因此没有必要大惊小怪。过去，比尔·盖茨与法国总统弗朗索瓦·奥朗德、尼古拉·萨科齐握手时，也是左手放入裤兜只用一只手握手。与美国前总统克林顿握手时也是如此。

启示：

握手是世界各国通行的礼节，在本案例中比尔·盖茨的“特殊”性，是否也让你有了不同的看法呢？大家可以发表一下见解。

第一节 见面礼仪

他山之石

一对年轻的夫妇驾车旅行，目的地交通标志不清楚，开了好久还是没有找到他们想去的古桑园。这时，他们见路边坐着一位老者，便将车停下，隔着车窗张口就问："喂，老头，离古桑园还有多远啊?"老者目不斜视地回了两个字："无礼（五里）。"这对年轻夫妇精神倍增，快速驱车向前开去。但是开了好多个五里路，古桑园还是不见踪迹。小夫妻很是恼火，掉头回去质问老者："哎，你说五里地，我们开了那么久怎么还没找到呀?"老者缓缓抬起头说道："年轻人，我说的是你们无礼!"

小组讨论：

这则案例给你带来哪些启示?

一、致意

（一）致意概述

致意是最常见、最简单的礼仪，俗称打招呼。世界上有各式各样的致意方式，比如日本人的鞠躬礼；中国人的拱手礼；欧美人的吻面礼、吻手礼；阿拉伯人的按胸礼；等等。见面时的点头、微笑、招手等，都是致意。致意常常与问候一起使用。只用动作、表情致意而免去语言问候的，往往出现在人多而不方便的场合，例如，在会场上、在拥挤的电梯里、两人距离较远或者仅仅是看着脸熟的一般相识。在这些场合，用行为致意比用语言更好，因为不但问候了对方，而且顾及了其他人的感受，显得既亲切又文雅。

（二）致意的次序

一般男士先向女士致意，年轻人先向年长者致意，职位低者先向职位高者致意，以表示对他们的尊敬，而后者要马上回应。当然，后者主动先向前者打招呼也不是不可以。

二、握手

握手是日常交往的一般礼节，多用于见面时的问候与致意，也用于告别时的致谢与祝愿。握手虽是日常生活中司空见惯、看似平常的社交礼仪，但从握手中却可以传递出许多信息。在轻轻一握之中，可以传达出热情的问候、真诚的祝愿、殷切的期盼、由衷的感谢，也可以传达出虚情假意、敷衍应付、冷漠与轻视的感觉。所以，对握手绝不能等闲视之。

“握手礼仪”微课视频

（一）握手的场合

下列情形，一般应与别人握手：

（1）遇到较长时间未曾见面的熟人，应与其握手，以示为久别重逢而万分欣喜。

（2）在被介绍与人相识，双方互致问候时，应握手致意，以示为相识而感到荣幸与高兴，愿与对方建立友谊与联系。

（3）当对方取得很大的成绩或重大的成果、获得奖赏、被授予荣誉称号或有其他喜事时，见面应与之握手以表示祝贺。

（4）在自己领取奖品时，应与发奖者握手以表示感谢。

（5）向他人表示恭喜、祝贺之时，如祝贺结婚、生子、升学、乔迁、事业成功或获得荣誉、嘉奖，应与之握手，以示贺喜之诚意。

（6）应邀参加社交活动，如宴会、舞会、音乐会前后，应与主人握手，以表达谢意。

（7）参加友人、同事或上下级的家属追悼会，在离别时，应和死者的主要亲属握手，表示劝慰。

（二）握手的顺序

在社交活动中，由于握手代表了一定的情感态度，表示对对方的友好尊重，因此，按照什么顺序握手就显得十分重要。

很多人认为，在社交中，无论对方的性别和身份怎样，为了表达自己的真心实意，都应该先伸手与对方相握。其实这是一个误区。那么，握手到底应该遵照怎样的顺序呢？主要是把握“三优先”原则。

（1）长者优先原则：只有年长者先伸出手，年幼者才可以伸手相握。这种做法符合社会的“长者为尊”的伦理标准，表示对年长者的尊重。

（2）女士优先原则：只有女士先伸出手，男士才能伸手相握。女士优先原则源于西方所提倡的“lady first”，这种规范体现了现代的文明意识，表达了对女士的尊重。

（3）职位高者优先原则：只有职位高的人先伸出手，职位低的人才能伸手相握。

（三）握手的姿态

行握手礼时，通常距离受礼者约一步，两足立正，上身稍向前倾，伸出右手，四指并齐，拇指张开与对方相握，微微抖动3～4次，然后松开手，恢复原状。与关系亲近者握手时，可稍加力度和抖动次数，甚至双手交叉热烈相握。

（1）握手必须用右手。如果恰好右手正在做事，一时抽不出来，或者手弄得很脏很湿，应向对方说明，摊开手表示歉意，或立即洗干净手，与对方热情相握。如果戴着手套，则应取下后再与对方相握。

（2）握手要热情。握手时双目要注视着对方的眼睛，微笑致意，并且问候对方。

（3）握手要注意力度。握手时，既不能有气无力，也不能握得太紧，甚至握痛了对方的手。握得太轻，或只触到对方的手指尖，不握住整只手，对方会觉得你傲慢或缺乏诚意；握得太紧，对方则会感到你热情过火，不善掩饰内心的喜悦，或觉得你粗鲁、轻佻而不庄重。

（4）握手应注意时间。握手时，既不宜轻轻一碰就松开，也不要久久握住不放。握手时两手稍触即分，时间过短，好似在走过场，又像是对对方怀有戒备之意。而与他人握手时间过长，尤其是拉住异性或初次见面者的手长久不放，则会被人误解。大体来讲，握手的时间应控制在3秒钟以内。

（四）握手的禁忌

（1）忌不讲先后顺序。如前所述，在正式场合，握手必须遵照长者优先、女士优先、职位高者优先的原则。如果两对夫妻见面，先是女士相互致意，然后男士分别向对方的妻子致意，最后是男士互相致意。

（2）忌戴手套握手。在社交活动中，如果女士的手套是其服装的组成部分，允许戴着手套和他人握手，但男士必须在与他人握手前脱下手套。

（3）忌用左手握手。尤其是在涉外场合，不要用左手与对方相握，因为有些国家和地方的人认为左手是不洁的，不能随便碰其他人。

（4）忌握手时身体其他部分行为不规范。比如握手时将另外一只手插在衣袋里；握手时另外一只手依旧拿着香烟等物品不放下；握手时东张西望，左顾右盼。这些心不在焉的做法都是错误的。

（5）忌交叉握手。在社交场合，如果要握手的人较多，可以按照一定的顺序进行，或由近及远或从左到右依次与人握手。基督教徒尤其忌讳交叉握手，因为交叉握手时形成的十字架图案被认为是很不吉利的。

（6）忌握手时手部不洁净。与对方握手之前，应该保持手部洁净，手部有灰尘或很脏，是对对方的不尊重。同时，要避免与他人握手后用手帕擦手。

三、称呼

称呼即称谓，是指人们在交往应酬时，用以表示彼此关系的名称用语。不论是在口头语言还是在书面语言中，称呼对交往都十分重要。称呼的运用与对待交往对象的态度直接相关，是给对方的第一印象，因此，称呼时万不可马虎大意。在交往中，我们既要注意学习、掌握称呼的基本规律和通行的做法，又要特别注意各国之间的差别，认真区别对待。

我们要了解姓名在世界各国的不同含义。一般来讲，姓名按构成和排列顺序大致可分为三类：

第一类：前姓后名。主要是在亚洲一些国家，如中国、日本、韩国等，欧洲的匈牙利也是同样的。但日本的女士婚前使用父姓，婚后使用夫姓，本人名字则不变；我国香港、台湾等地区的女士也有一些结婚后，将夫姓加在自己姓名前的。

第二类：前名后姓。主要是在英国、美国等讲英语的国家。法国人的姓名一般由两节或三节组成，前一、二节为本人名字，最后一节为姓；西班牙人的姓名常由三到四节组成，前一、二节为本人名字，倒数第二节为父姓，最后一节为母姓；俄罗斯人的姓名由三节组成，分别为名字、父名、姓；阿拉伯人的姓名由四节组成，分别为本人名字、父名、祖父名、姓。另外，泰国等国家人的姓名的排列顺序也是名字在前、姓氏在后。

第三类：有名无姓。姓名结构只有名而无姓的以缅甸、印度尼西亚等国居多。缅甸人名字前常见的“吴”不是姓，而是一种尊称，是“先生”的意思；缅甸人名字前常冠以表示性别、长幼、地位的字和词，如“杜”意为女士，“玛”意为姐妹，“郭”意为平辈，“哥”意为兄弟，“波”意为军官，“塞耶”意为老师。一个缅甸男子名“刚”，同辈称他为“哥刚”，如果他有一定的社会地位则被称为“吴刚”，如果是军官则被称为“波刚”。

（一）称呼方式

1. 泛尊称

这种称呼几乎适合于所有社交场合，对男子一般称“先生”，对女子称“夫人”“小姐”“女士”。应注意的是，在称呼女子时，要根据其婚姻状况，已婚的女子称“夫人”，未婚的女子称“小姐”，对不知婚否和难以判断的可以称“女士”。在一些国家，“阁下”一词也可以作为泛尊称使用。

泛尊称可以同姓名、姓氏和行业性称呼分别组合在一起，并在正式场合使用。比如：“克林顿先生”“玛格丽特·撒切尔夫人”“上校先生”“秘书小姐”等。

2. 职务称

在公务活动中，可以对方的职务相称，例如，“部长”“经理”“处长”“校长”等。

职务性称呼还可以同泛尊称、姓名、姓氏分别组合在一起使用，例如，“王经理”“李校长”“部长先生”等。

对职务高的官方人士，如部长以上的高级官员，不少国家可称“阁下”；对有高级官衔的妇女，也可称“阁下”。但在美国和德国等国家没有称“阁下”的习惯，对这些国家的相应人员应该称“先生”。

3. 职衔称

交往对象拥有社会上受尊重的学位、学术性职称、专业技术职称、军衔和爵位的，可以“博士”“教授”“律师”“法官”“将军”“公爵”等称呼相称。

这些职衔性称呼还可以同姓名、姓氏和泛尊称分别组合在一起使用，例如：“乔治·马歇尔教授”“卡特博士”“法官先生”等。

4. 职业称

对不同行业的人士，可以被称呼者的职业作为称呼。比如：“老师”“教练”“警官”“医生”等。对商界和服务业从业人员，一般约定俗成地按性别不同分别称为“小姐”

"先生"等。

这些职业称呼，还可以同姓名、姓氏分别组合在一起使用。

5. 姓名称

在一般性场合，彼此比较熟悉的人之间，可以直接称呼他人的姓名或姓氏，例如，"乔治·史密斯""张志刚"等。

中国人为表示亲切，还习惯在被称呼者的姓前面加上"老""大""小"等字，而免称其名，如"老王""小张"。更加亲密者，往往不称其姓，而直呼其名，如"志刚""卫东"等。

6. 特殊性称呼

对于君主制国家的王室成员和神职人员应该用专门的称呼。例如，在君主制国家，应称国王或王后为"陛下"；称王子、公主等为"殿下"；有爵位的应称爵位或"阁下"。对神职人员应根据其身份称为"教皇""主教""神父""牧师"等。

除以上常用的称呼外，在交往叶，还有以"你""您"相称的"代词称"和亲属之间的"亲属称"。

（二）称呼禁忌

交往中如果称呼不当就会失敬于人、失礼于人，有时还会导致严重后果。所以，一定要注意称呼的禁忌。

1. 错误的称呼

称呼对方时，记不起对方的姓名或张冠李戴，都是极不礼貌的行为，是社交中的大忌。尤其是外国人的姓名，在发音和排列顺序上同中国人的姓名有很大差别，如果没有听清楚或没有把握，宁可多问对方几次，也不要贸然叫错。对被称呼者的年龄、辈分、婚否以及同其他人的关系做出错误判断，也会出现错误的称呼，如将未婚妇女称为"夫人"等。

2. 易产生误会的称呼

不论是自称还是称呼他人，注意不要使用让对方产生误会的称呼，如"爱人"，中国人习惯把自己的配偶称为"爱人"，而外国人则将"爱人"理解为"婚外恋"的"第三者"；还有"同志""老人家"等易让外国人产生误会的称呼，也不要使用。另外，不要使用过时的称呼或者不通用的称呼，以免对方不知如何理解。

3. 带有歧视、侮辱性的称呼

在正式场合，不要使用低级、庸俗的称呼或用绰号作称呼，如“哥们儿”“姐们儿”“死党”等。在任何情况下都不能使用歧视性、侮辱性的称呼，如“洋妞”“死老头”等。

（三）称呼的原则

1. 称呼要看对象

对不同性别的人应使用不同的称呼。对姑娘可以称“小姐”“小姑娘”，对男士可称呼“先生”“师傅”等。对不同亲密关系的人使用不同的称呼。比如对亲密度很高的人可以称呼小名，对亲密度低的人则不行。

通常新人刚到单位，要先问问同事或者留心听听别人怎么称呼，不要冒冒失失地称呼对方。如果实在不清楚该怎么称呼，第一次也可以客气地说：“打扰您，我是新来的职员，不知道该怎么称呼您。”不知者不怪，一般对方就会把通常同事对他的称呼告诉你。对方要求你直呼其名，你作为一个新人，最好不要那样叫。礼多人不怪，即便是生疏一点，也总比不尊重对方、“自来熟”要好，因为让你直呼其名完全有可能是对方的客套。

称呼不同国籍的人要符合该国的礼仪习惯。

2. 称呼要看场合

人们在使用称呼时，通常与当时的场合相对应。例如一位姓陈的先生，下级向他汇报工作时称“陈书记”（他的官衔），朋友和他交往时称“老陈”，妻子在家里称他“当家的”，别人对他不满时会称他“姓陈的”。

3. 称呼要与称呼人的身份、地位相称

例如，一个农民对一位风度翩翩的男士不会称呼“先生”，而只会按照自己的习惯亲热地称呼“大哥”之类的。知识分子和大多数城市人由于社交活动范围广，称呼时就会考虑对方的地位、国籍等，并充分考虑当时的场合。

四、介绍

所谓介绍，通常是指在人们初次相见时，经过自己的主动沟通，或者借助第三者的帮助，从而使原本不相识者彼此之间有所了解，相互结识。根据介绍者具体身份的不同，介绍可分为自我介绍、他人介绍和集体介绍三种。

(一)自我介绍

一般说来，相互间的介绍应该通过年长者、男主人或女主人来进行，自我介绍被认为是一种不礼貌的做法（特别是在欧洲、拉丁美洲），然而，在大型招待会、宴会中，在未被介绍或没有人作介绍时，应主动作自我介绍。自我介绍往往能体现出一个人的胆量和气魄，也容易在社交中处于主动地位。自我介绍时要做到表达清晰、风趣、真实、流畅。

1. 自我介绍的一般适用场合

（1）应聘求职时或应试求学时。

（2）在社交场合，与不相识者相处时或打算介入陌生人组成的交际圈时；有不相识者表现出对自己感兴趣时或要求自己作自我介绍时。

（3）交往对象因为健忘而记不清自己时。

（4）有求于人，而对方对自己不甚了解，或一无所知时。

（5）拜访熟人遇到不相识者挡驾，或是对方不在，需要请不相识者代为转告时。

（6）在出差、旅行途中，与他人不期而遇，且有必要与之建立临时关系时。

（7）前往陌生单位，进行业务联系时；因业务需要，在公共场合进行业务推广时。

2. 介绍自己的内容

介绍自己时，具体内容往往不同。一般情况下，自我介绍的内容应当兼顾实际需要、双边关系、所处场合等，而且应具有一定的针对性。自我介绍一般分为以下四种：

一是应酬式。此种方式最简单，通常只有姓名一项。

二是问答式。这种方式即有问必答。

三是交流式。主要内容有籍贯、学历、兴趣等。

四是工作式。主要内容包括单位、部门、职务、姓名等。

3. 自我介绍的注意事项

自我介绍要注意以下几点：

（1）实事求是，不可不停地自我表白甚至吹嘘，否则易引起对方的反感或不信任感，不利于进一步交往和联系。

（2）举止庄重、大方，不要慌慌张张、毛手毛脚，不要用手指点着自己。

（3）表情坦然亲切，眼睛应看着对方或大家，不要显得不知所措，更不能一副随随便便、满不在乎的样子。

（4）控制好时间，最好在一分钟左右。

（二）他人介绍

他人介绍，又称第三者介绍，是经第三者为彼此不相识的双方引见、介绍的一种交际方式。他人介绍通常是双方的，即对被介绍双方各自作一番介绍。有时，也可进行单向的他人介绍，即只将被介绍者中的某一方介绍给另一方。为他人作介绍时需要把握一些基本的礼仪要求。

1. 为他人作介绍的顺序

在为他人作介绍时谁先谁后，是一个比较敏感的礼仪问题。根据礼仪规范，在为他人作介绍时必须遵守“尊者优先了解情况”的规则。也就是在为他人作介绍前，先要确定双方地位的尊卑，然后先介绍位卑者，后介绍位尊者，使位尊者先了解位卑者的情况。根据这个规则，为他人作介绍时的礼仪顺序有以下几种：

（1）介绍上级与下级认识时，先介绍下级，后介绍上级。

（2）介绍长辈与晚辈认识时，先介绍晚辈，后介绍长辈。

（3）介绍女士与男士认识时，先介绍男士，后介绍女士。

（4）介绍公司同事与客户认识时，先介绍同事，后介绍客户。

（5）介绍已婚者与未婚者认识时，先介绍未婚者，后介绍已婚者。

（6）介绍同事、朋友与家人认识时，先介绍家人，后介绍同事、朋友。

（7）介绍来宾与主人认识时，先介绍主人，后介绍来宾。

但是在一些非正式的场合，不必拘泥于礼节。介绍人说一句“我来介绍一下”，然后即可作简单的介绍，也可直接报出被介绍者各自的姓名。

2. 为他人作介绍的方法

在工作中，为他人作介绍时，由于实际需要不同，所采取的方式也会有所不同。常见的介绍方法有：

（1）一般式。也称标准式，以介绍双方的姓名、单位、职务等为主。这种介绍方式适用于正式场合。

（2）引见式。介绍者将被介绍者双方引到一起即可，适用于普通场合。

（3）简单式。只介绍双方姓名，甚至只提到双方姓氏，适用于一般的社交场合。

（4）附加式。也可以叫强调式，用于强调其中一位被介绍者与介绍者之间的特殊关系，以期引起另一位被介绍者的重视。

（5）推荐式。介绍者经过精心准备再将某人举荐给另一人，介绍时通常会对前者的优点加以重点介绍。适用于比较正规的场合。

（6）礼仪式。这是一种最为正规的他人介绍，适用于正式场合，在介绍语气、表达、称呼上都更为规范和谦恭。

3. 介绍人的措辞

在介绍别人时，对其个人情况应做出客观或积极的评价。

如果你在介绍一位财务经理时这样说："李华是这幢大楼里对账目管理最有条理的一位。"这表明你承认李华的账目管理能力十分出色。但如果你说："李华是这座大楼里眼睛最漂亮的一位。"则表明你没有从业务角度来介绍她。无论这些言辞会让李华感到局促不安还是十分受用，在工作场合，人们都会觉得你的介绍不太合适。

4. 介绍失误时的应对

（1）如果不知道或忘记了被介绍者的姓名，应该立即予以承认。

（2）若某人忘记介绍你，应该采取主动，迅速报上自己的姓名："我叫××，我想我们从没见过面。"

（3）若某人叫错了你的名字，或发错了音，或提供的有关信息不太确切，应礼貌地加以纠正并尽量避免使对方难堪。

（三）集体介绍

集体介绍是他人介绍的一种特殊形式，是指介绍者在为他人介绍时，被介绍者其中一方或者双方不止一个人。在需要作集体介绍时，原则上应参照为他人介绍的顺序进行。基本规则是：介绍双方时，先卑后尊。而在介绍其中某一方时，则应当由尊至卑。

1. 将一人、少数人介绍给多数人

在被介绍者双方地位、身份大致相似，或者难以确定时，应使一人礼让多数人，人数较少的一方礼让人数较多的一方，先介绍一人或人数少的一方，后介绍多数人或人数较多的一方。

2. 将大家介绍给一人

若被介绍者在地位、身份之间存在明显差异，地位、身份明显高者即使人数较少，甚至仅为一人，仍然应被置于尊贵的位置，先向其介绍人数多的一方，再介绍地位、身份高的一方。

3. 人数较多的双方介绍

若需要介绍的双方人数都不止一人，可采取笼统的方法进行介绍，如可以说：“这是我的家人”“她们都是我的同事”。但最好还是对其一一进行介绍。进行此种介绍时，可按位次尊卑顺序进行。先介绍位卑的一方；后介绍位尊的一方；或先介绍主方，后介绍客方。

4. 人数较多的多方介绍

当被介绍者不止两方，而是多方时，应根据合乎礼仪的顺序，确定各方的尊卑，由尊至卑，按顺序介绍各方。如果需要介绍各方的成员，也应按由尊到卑的顺序依次介绍。

五、名片

名片是当代社交中一种最为实用的介绍性媒介。作为自我的“介绍信”，它具有使用方便、易于保存等特点，而且不讲尊卑、不分职业，男女老少均可使用，因此颇受欢迎。

“名片递接礼仪”
微课视频

（一）名片设计的方法

（1）尺寸。一般长 9 厘米，宽 5.5 厘米。形状奇特的名片虽然能引人注目，但在很多钱包或名片夹里都装不下，因而不易保存。

（2）双面名片对于经常出国做生意的人是很有帮助的。一面用中文，另一面则可以用英文。

（3）名片上的字可横排也可竖排。

（4）一张形象、效果俱佳的名片通常包括以下几项内容：

1）公司标志、商标或公司的徽记；

2）姓名；

3）职务；

4）公司名称；

5）公司地址；

6）电话号码；

7）传真号码；

8）若有必要，也可印上其他办事处的地址。

（二）名片交换的最佳时机

（1）当你与对方第一次见面时，一般都要赠送一张名片，这是十分得体的礼仪。出示名片，表明你有与对方继续保持联络的意向。

（2）展销活动开始时，销售经理与客户之间互换名片是一种传统，表示非正式的业务往来已经开始。同样，刚到办公室的来客也会向接待员出示名片，以便被介绍或引见给有关人员。等见到要见的人时，还要再递上一张名片。此时，名片既表明了你的身份，又显示了你有进行业务往来的意向。

（3）在宾客较多的场合，一开始就接受名片可帮助你及早了解来客的身份。比如会议上来了许多代表，而你对他们的姓名、职务都不太清楚，那么在会议开始前就应向他们索要名片，然后可按照日本人的习惯，把它们摆放在桌上当座位图使用。

（4）去拜访某人时，如果主人没有出示名片，客人可在道别前索要。如果主人的名片就放在桌上的名片盒中，应首先征求同意然后再取出一张。

（5）用餐时不要出示名片，而应等到用餐结束。在私人宴会上，除非有人索要，否则不要散发名片——那样会混淆商务与社交的界线。在参加社交活动时，可随身携带名片，需要时便可出示，但不可把聚会变成推销会。

（6）有时，如果本人不能亲自前往，可以送上名片来“代表”你。比如，送交材料时可附上一张便笺和一张名片；在邮寄商业信函时附上一张名片，以便日后继续联络。

（三）名片交换时的要点

（1）双手食指和拇指执名片的两角，使文字正面朝向对方，一边自我介绍，一边递过名片。对方递过来的名片，应该用双手接过，以示尊重。

（2）如果双方同时递名片，自己的名片应从对方的稍下方递过去。

（3）接过名片后，要看上几秒钟，以示尊重。

（4）对方人数较多时，应从领导开始交换名片。收到名片不要立刻放进包里，应放在面前桌上，谈话时用得着。

（5）交换名片时的语言。

向别人索要名片时，可以直接问：“您能给我一张名片吗？”

当你想出示名片时，可以说：“这是我的名片，如果有别的问题，尽管打电话给我。”或者可以说：“寄信请用这上面的地址，希望能尽快听到你的消息。”

如果想给一位长期客户赠送名片，可以说：“您有我的名片吗？”或“我一直想给您一张名片。”

当你的职位或通信方式有变化时，可以说：“这是我的新名片。”

当某人向你索要名片时，直接拒绝是不太礼貌的，但是你可以这么说：“对不起，我的名片都用光了。”或“我忘带了。”

接受名片时要说“谢谢”，并略为注视几眼再放好。还可以边看边稍加评论，比如：“你们公司的总部在青岛，那儿是不是正在举行啤酒节？”

（四）名片的存放

随身所带的名片，最好放在专用的名片包、名片夹里，也可以放在上衣口袋内。不要把它放在裤袋、裙兜、提包、钱夹里，这样做既不正式，也显得杂乱无章。在自己的公文包以及办公桌抽屉里，也应经常备有名片，以便随时取用。

在交际场合，如需要名片，则应事先预备好，不要在使用时再临时翻找。

接过他人的名片看过之后，应将其放在自己的名片包、名片夹或上衣口袋里，切勿放在其他地方。

第二节 交谈礼仪

他山之石

在一艘游艇上，来自各国的一些企业家正在开会。突然，船开始慢慢下沉：船长命令大副："赶快通知那些先生们，穿上救生衣，马上从甲板上跳海。"几分钟后大副回来报告："真急人，谁都不肯往下跳。"于是，船长亲自出马。说来也怪，没多久，这些企业家们都顺从地跳下海去。"您是怎样说服他们的呀?"大副请教船长。船长说："我告诉英国人，跳海是一项运动；对法国人说，跳海是一种别出心裁的游戏；我同时警告德国人，跳海可不是闹着玩的！在俄国人面前，我就认真地表示：跳海是革命的壮举。""您又是怎样说服那个美国人的呢?""那还不容易，"船长得意地说，"我说已经为他投了巨额保险。"

资料来源：于立新．国际商务礼仪实训．北京：对外经济贸易大学出版社，2003.

小组讨论：

如何选择交谈内容和交谈方式才会取得令人满意的效果?

一、交谈概述

所谓交谈，是指两个或两个以上的人进行的对话。它是人们彼此之间交流思想情感、传递信息、进行交际、开展工作、建立友谊、增进了解的最为重要的一种形式。没有交谈，人与人要进行真正的沟通几乎是不可能的。

交谈在人际交往中的重要位置，是其他任何形式都难以替代的。交谈是人的知识、阅历、才智、教养和应变能力的综合体现。在我国古代，人们就讲究在人际交往中要对交往对象“听其言，观其行”。这是因为言为心声，只有通过交谈，才能够了解对方，并且被对方所了解。

(一) 交谈的特征

(1) 真实自然。交谈应表达流畅，感情自然流露。

(2) 相互了解。交谈是一种双向或多向的活动，它要求各方积极参与，达成共识，产生共鸣，达到互动，而不能只是单向的“一言堂”。

(3) 相互包容。在交谈中，每个人都要有容人的雅量，不仅要自己说话，而且也要允许对方说话，要彼此适应，求同存异。

(4) 信息传递。通过交谈往往能得到真实的信息。

(5) 内容多样。交谈时可以有一个主题，也可以自由漫谈。

(二) 交谈的声音

交谈时音量要适中，也就是能让所有听你讲话的人听清楚，而又不干扰与此无关的人。在办公室里还有其他人的时候，谈话双方一定要压低声音。在楼道中与人打招呼、聊天，也不能大声，以免影响他人。

当你对某人的做法实在不满意甚至感到气愤时，要先控制自己的情绪，不要高声大叫，以低沉的嗓音说出的话往往比大声叫喊更具震撼力。在公务场合和公共场合，大喊大叫是不合适的、是失态的。

(三) 交谈的目光

“眼睛是心灵的窗口。”一个人的喜怒哀乐，都能从目光中流露出来。所以在说话时，不可忽略目光的作用。在社交中，既要善于用自己的目光表情达意，也要善于通过他人的眼神了解其情绪。

在交谈时，说话人的眼睛应该看着对方，表现出诚意、专注，这是对他人的尊重。目光注视的范围因场合的不同有所变化，有公务注视、社交注视和亲密注视之分。

1. 公务注视

公务注视的位置是以两眼为底线，以额头发际线中点为最高点构成的三角形区域。这是一种严肃、郑重的注视，适用于公务活动。

2. 社交注视

社交注视的位置是以两眼为上线、以下颌为最低点的倒三角形区域。社交注视带有一定的感情色彩，亲切友好，适用于各种社交场合。

3. 亲密注视

亲密注视的范围是从眼部到胸部的一个较大的区域。亲密注视表达的感情亲近、柔和、随意，有时甚至是热烈多情的，所以只适用于亲朋好友或恋人之间。

（四）交谈的举止

谈话时可以用适当的手势加强语气，帮助表达，但手势的幅度不宜过大，频率不要过高，以免让人觉得心烦，影响注意力。

此外，要注意控制手的小动作。不要用笔敲击桌子、笔记本，或像表演杂技一样把笔放在手指上不停地旋转。还有人喜欢玩弄钥匙串、掏耳朵、剪指甲等。在谈话中，这些多余的动作都会影响听者的注意力。

二、交谈的内容与时间

交谈由说话者、听话者、主题三个要素组成，要达到施加影响的目的，就必须关注此三要素。主题即交谈的中心内容。在交谈中，每个人都会有一种自我表现的欲望，希望较早地把自己的想法或者自己了解的事实告诉对方，因此，很多人习惯把自己的思想、经历和感受作为交谈的主要内容。事实上，交谈中应注意选择可以谈论的内容和忌谈的内容。

（一）可以选择的内容

1. 目的性内容

目的性内容，即交谈双方业已约定，或者其中某一方事先准备好的内容。例如，求人帮助、征求意见、传递信息、讨论问题、研究工作一类的交谈，往往都属于内容既定的交谈。选择这类内容，最好双方商定，至少也要得到对方的认可。目的性内容适用于正式交谈。

2. 内涵性内容

内涵性内容，即内容文明、优雅，格调高尚、脱俗的话题。例如，文学、艺术、哲学、历史、地理、建筑等，都属于内涵性内容。内涵性内容适用于各类交谈，但面对专家时，忌讳不懂装懂或班门弄斧。

3. 时尚性内容

时尚性内容，即谈论起来令人轻松愉快、身心放松、饶有情趣、不觉劳累厌烦的话题。例如，文艺演出、流行时装、美容美发、体育比赛、电影电视、休闲娱乐、旅游观光、名胜古迹、风土人情、名人轶事、烹饪小吃、天气状况等。时尚性内容适用于非正式交谈，允许各抒己见，任意发挥。

4. 时代性内容

时代性内容，即以此时、此刻、此地正在流行的事物作为谈论的中心。以 2018 平昌冬奥会为例，当时许多人谈论的话题就是闭幕式当晚，张艺谋导演将会给全世界人民呈现一个怎样的中国，会不会有红灯笼、琵琶等中国元素。时代性内容适用于各种交谈，但变化较快，在把握上有一定难度。

5. 对象性内容

对象性内容，即交谈双方，尤其是交谈对象有研究、有兴趣、有可谈之处的主题。例如，与医生交谈，宜谈健身祛病；与学者交谈，宜谈治学之道；与作家交谈，宜谈文学创作；等等。对象性内容适用于各种交谈，但忌讳以己之长对人之短，否则“话不投机半句多”。因为交谈是意在交流的谈话，所以不可只有一家之言，否则难以形成交流。

（二）忌选择的内容

要让一场谈话客气地开始、愉快地结束，双方得到顺利的沟通，有一些忌讳是不可触犯的，有一些话题是不应该在公务场合和社交场合提出与谈论的。

1. 年龄

我们都知道不应该问女性的年龄。其实怕谈及年龄的不仅仅是女性，有不少男性也不愿意被人问这个问题，年轻人怕被说“嘴上无毛，办事不牢”；人到中年时面临事业是否有成的压力，尤其是处于提职与否的敏感年龄阶段，不愿意与别人比来比去。所以，不论是男性还是女性，都不要问年龄。

2. 婚姻状况

过去在社交活动当中，人们彼此问及婚姻状况是常有的事，表明对他人的关心和关系的拉近。现在大家都知道这是个人隐私，是不可随意打听的，这表明了社会的进步。

3. 收入、支出

现在人们的收入来源五花八门，水准也相差很多，即使是同一个单位的员工，年终奖金也未必相同，而且有些单位规定员工之间不允许互相打听工资、奖金。所以问收入就成了忌讳。

也不要问别人的支出，比如“买房用了多少钱?”“旅游花了多少钱?”“这件衣服真漂亮，多少钱买的?”这些都属于不该问的。有不少人不忌讳谈论这个问题，不等别人问，自己就主动说了，但是这并不表明其他人也愿意谈论这些问题。

4. 身体状况

在谈话开始阶段，还没有进入正式话题的时候，人们有时会以“最近身体怎么样”开头，但这并不表明他真的关心你的身体状况，只不过是一种寒暄罢了。所以不必认真地谈及自己的病痛。另外，外国人不喜欢谈论这个话题，因为在竞争激烈的环境里，身体健康与否是一个敏感的问题。再者，老和别人谈论自己的疾病，也有失个人尊严。当然，当有人邀请你参加某个活动而你不想去时，“身体不舒服”是一个合适的借口，因为按礼仪规矩，他是不好意思详细询问的。

5. 家庭住址、私人电话

在公务名片上不印家庭住址和私人电话，也不要轻易告诉别人，这是为了保证自己的个人空间和时间不被打扰。同理，新交往的朋友，尤其是外国朋友，他没有主动告诉你家庭住址和电话，就不该向他讨要。

6. 政治和宗教信仰

政治和宗教信仰是非常敏感的话题，在公务交往和涉外交往中不要谈论。如果有人谈及这些，应该用别的话题引开。在涉外活动中，这不仅仅是礼仪问题，还是政治问题，必须慎重对待。

7. 个人经历

与人交往的时候，人们都有一种心理，如果知道对方以前的一些经历，心里会踏实一点。在公务活动中，人们也会尽量收集合作对象或谈判对手的背景资料。但是如果你不是人力资源部的人，不是在招聘员工，最好不要当面打听对方的经历。

8. 他人的毛病

不要随意贬低他人，在背后谈论他人的短处，这不仅会让听的人感到尴尬，也会使你自贬身份，是修养不高的表现。在商界，向一方大谈特谈其竞争对手如何不好，并不能使对方增加对你的好感和信任，反而会使对方认为你不是可靠的合作伙伴。

9. 错误倾向

在谈话中，亦应避免有错误倾向的内容，例如，违背社会伦理道德、生活堕落、思想反动、政治错误、违法乱纪之类的话题。

10. 悲痛之事

有时，在交谈中因为不慎，会谈及一些令交谈对象感到伤感、不快的话题。若出现这种情况，应立即转移话题，必要时要向对方道歉，千万不要没有眼色，将错就错，一意孤行。

（三）交谈的时间

任何交谈都应适可而止，这样不仅可使下次交谈还有话可说，而且还会使每次交谈都令人回味无穷。

普通场合的小规模交谈，以半小时以内结束为宜，最长不要超过 1 个小时。在交谈中，一个人的每次发言，最好不要长于 3 分钟，至多不要长于 5 分钟。

交谈适可而止，主要有四点好处：第一，节省时间。第二，可以使每名参加者都有机会发言，以示平等。第三，可以提炼发言的精华，少讲废话。第四，可以使大家对交谈意犹未尽，留下美好的印象。

三、交谈的语言技巧

（一）语言要有礼貌

在交谈中多使用礼貌用语，是博得他人好感与体谅的最为简单易行的做法。礼貌用语，简称礼貌语，是指约定俗成的表示谦虚恭敬的专门用语。

例如，客人到来，要说“光临”；起身作别，要说“告辞”；中途先走，要说“失陪”；请人勿送，要说“留步”；请人批评，要说“指教”；请人帮助，要说“劳驾”；托人办事，要说“拜托”；麻烦别人，要说“打扰”；求人谅解，要说“包涵”；等等。

俗话说：“礼多人不怪。”礼貌用语多多益善，在交谈中，要经常运用五句十字的礼貌用语。

1. 您好

“您好”是一句表示问候的礼貌语。遇到相识者与不相识者，不论是深入交谈还是打个招呼，都应主动向对方先问一声“您好”。若对方先问候了自己，也要以此来回应。在有些地方，人们习惯以“你吃饭了没有”“最近在忙什么”“身体怎么样”“一向可好”来打招呼或问候他人，但它们都没有“您好”简洁通行。

2. 请

“请”是一句请托礼貌语。在要求他人做某件事情时，居高临下、命令的语气都不合适，低声下气、百般乞求也没有必要。在此情况下，多用上一个“请”字，就可以赢得主动，得到对方的照应。

3. 谢谢

“谢谢”是一句致谢的礼貌语。每逢获得理解、得到帮助、承蒙关照、接受服务、受到礼遇之时，都应当立即向对方道一声“谢谢”。这样做既是真诚地感激对方，又是对于对方的一种积极肯定。

4. 对不起

“对不起”是一句道歉的礼貌语。当打扰、妨碍、影响了别人，或是在人际交往中给他人造成不便，甚至给对方造成某种程度的损失、伤害时，务必要及时向对方说一声“对不起”。这将有助于大事化小、小事化了，并且有助于修复双方的关系。

5. 再见

“再见”是一句道别的礼貌语。在交谈结束、与人作别之际，说一句“再见”，可以表达惜别之意与恭敬之心。

（二）语言要标准

1. 通俗易懂

在交谈中应使用通俗易懂的语言，尤其不能处处卖弄文采，不能不分场合和对象“引经据典”，甚至咬文嚼字，这样只会让人望而生畏。

2. 讲普通话

为了让别人听得懂，并且准确无误地理解和领会，必须使交谈时所使用的语言清晰、标准。最基本的要求是讲普通话，少用方言，慎用外语。与国人交谈时使用外语，不能证明自己水平高，反而有卖弄之嫌。

3. 内容简明

在交谈时，应力求言简意赅，少讲废话。不要没话找话、短话长说、废话连篇、节外生枝、不着边际，让人听不明白。

四、交谈的禁忌

在交谈中，应该遵循五要和五不要。

（一）要双向沟通，不要始终独白

既然交谈讲究双向沟通，那么在交谈中就不要目中无人，要礼让他人，多给对方发言的机会，让大家都有交流的机会。不要一人始终滔滔不绝，不给他人讲话的机会。

（二）要活跃气氛，不要导致冷场

不允许在交谈中从头到尾保持沉默，使交谈冷场，破坏现场的气氛。不论交谈的内容与自己是否有关，自己是否有兴趣，都应热情投入、积极合作。万一交谈中因他人之故冷场“暂停”，切勿“闭嘴”不理，而应努力“救场”。可转移旧话题，引出新话题，使交谈“畅行无阻”。

（三）要学会倾听，不要随意插嘴

出于对他人的尊重，在他人讲话时，尽量不要在中途予以打断。这种做法不仅干扰了对方的思绪，破坏了交谈的效果，而且会给人自以为是、喧宾夺主之感。的确需要发表个人意见或进行补充时，应待对方把话讲完，或是在对方同意后再讲。不过，插话次数不宜多，时间不宜长。

（四）要言论自由，不要与人抬杠

抬杠指喜爱与人争辩，喜爱固执己见，喜爱强词夺理。在一般性的交谈中，应允许各抒己见，言论自由，不作结论，重在集思广益，活跃气氛，取长补短。若以“杠头”自诩，自以为一贯正确，无理辩三分，得理不让人，非要争个面红耳赤、你死我活，是有悖交谈主旨的。

（五）要赞美他人，不要否定他人

在交谈中，要善于聆听他人的意见，若对方所述无伤大雅，无关大是大非，一般不宜当面否定。对交往对象的所作所为，应当求大同，存小异。若不触犯法律，不违反伦理道德，不涉及生命安全，一般没有必要判断其是非曲直，更没有必要当面对其加以否定。

五、肢体语言

肢体语言不但丰富了语言的内涵，也加强了人们传达的意愿，有时能更巧妙地传递信息并且留给对方更大的想象空间。

（一）竖大拇指

大多数是表示自己对某句话或某件事之赞赏；也表示对他人举动之感谢，感激他为你所做之事；还表示准备妥当。例如篮球比赛时，裁判会一手执球一手竖大拇指表示一切就绪。

（二）食指刮下巴

这是法国特有的手势，以食指背刮下巴，犹如刮胡子一般。这个动作的原始意思是“会令人厌烦的”。因为在法语中剃刀与厌烦同音，所以巧妙地以剃刀表达了自己的不喜欢之意。常可在咖啡厅见到法国美女一面微笑一面以手指刮下巴，非常迷人可爱，而追求者一见，也多会识趣地离开。

（三）V字手势

源自英国。因为V在英文中代表了Victory（胜利），所以以V字手势表达胜利之意。用此手势时，需手心朝外。

（四）OK手势

表示没问题、准备妥当、一切就绪，也有我很好、没事、谢谢你的关心之意。但是在法国南部地区OK手势有表示零之意，也表示某件事情不值一提或自己不赞成。

在中东地区，如果在酒吧等公共场所有人向你出示OK手势，则是寻找同性恋伴侣的手势，千万不要回以竖大拇指的手势，也不要礼貌性地回以OK手势。

（五）耸肩

在美国最流行，表示无能为力、爱莫能助。

（六）竖食指

这是一种吸引人注意的手势。在开会时，若有人举手竖食指，即表示有意见要发表。

在餐厅等公共场所召唤服务人员时，也可以使用此手势。

（七）点头

绝大多数国家以点头方式表示赞成。但在印度、尼泊尔等国则以摇头表示肯定，也就是一面摇头，一面面露微笑表示赞成、肯定之意。

（八）手触前额

源自脱帽向对方致敬之礼，多在与人道别时使用。以手触前额表示脱帽之准备动作，后来演变成即使没有戴帽子也以此动作表示致敬之意。

第三节 接待礼仪

他山之石

华芳是某公司的新员工，她在前台负责接待来访的客人和转接电话，还有一个同事小石和她一起工作。每天上班后的前两个小时是她们最忙的时候，电话不断，客人络绎不绝。一天，有一位与人力资源部何部长预约好的客人提前20分钟到达。华芳马上通知人力资源部，部长说正在接待一位重要的客人，请对方稍等。华芳转告客人说："何部长正在接待一位重要的客人，请您等一下。请坐。"正说着，电话铃响了，华芳匆匆用手指了一下椅子，赶快接电话。客人面有不悦。小石接完电话，赶快为客人送上一杯水，与客人闲聊了几句，以缓解客人的不满情绪。

小组讨论：

华芳在接待中出现了什么错误？

一、接待概述

初次来访的客人，对组织的第一印象是从他首先看到的人和物上得到的；而经常来往的客人，则是在一次次的业务交往中形成对组织的印象的。因此，会客室、办公室就成为组织的"窗口"，接待人员的形象就成为组织的活"广告"。接待礼仪包罗万象，但并非杂乱无章。在从事接待工作时，应该掌握接待礼仪的原则。

（一）节俭务实

在接待工作中，以务实为本，不搞形式主义，不铺张浪费，不摆阔，不务虚，简化接待礼仪。

（二）予人方便

接待礼仪中的予人方便原则就是要求接待人员在工作中想对方之所想，急对方之所急，尽自己的一切可能满足对方合乎情理的正当需求。

二、迎接礼仪

迎来送往是社会交往接待活动中最基本的形式和重要环节，是表达主人情谊、体现礼貌素养的重要方面。在工作往来中，对于如约而来的客人，特别是贵宾或远道而来的客人，表示热情、友好的最佳方式，就是指派专人提前到达双方约定的或者适当的地点恭候客人到来。对前来访问、洽谈业务、参加会议的外国、外地客人，应首先了解对方到达的车次、航班，安排与客人身份、职务相当的人员前去迎接。

（一）迎候礼仪

在人声嘈杂的迎候地点迎接素不相识的客人时，务必确认客人的身份，通常有以下四种方法：

（1）使用接站牌。可事先准备一块牌子，上书“热烈欢迎××先生”或“××单位接待处”，尽量不要用白纸黑字，会让人感到晦气。

（2）悬挂欢迎横幅。在迎接重要客人或众多客人时，这种方法最适用。欢迎横幅应悬挂于醒目处。

（3）佩戴身份胸卡。迎宾人员在迎宾现场佩戴身份胸卡可方便客人确认身份。胸卡上的内容主要为本人姓名、工作单位、所在部门及现任职务。

（4）自我介绍。

上述四种方法可以交叉使用。

接到客人后，应向客人施礼、致意，要做到以下四点：

第一，热情握手。

第二，主动寒暄，如“一路辛苦了”“欢迎您来到我们公司”等。

第三，自我介绍。向对方作自我介绍。如果宾主早已认识，则一般由礼宾人员或我方迎候人员中身份最高者，率先将我方迎候人员按一定顺序一一介绍给客人，然后由客人中身份最高者，将客人按一定顺序一一介绍给主人。如果有名片，可送予对方。

第四，有问必答。

（二）乘车礼仪

（1）准备工作。迎接客人应提前为客人准备好交通工具，不要等客人到了才匆匆忙忙准备交通工具，那样会因让客人久等而误事。

（2）服务周到。客人所带箱包、行李，要主动代为提拎，但不要代背女客随身小提包。客人有托运的物品，应主动代为办理领取手续。

（3）座次排列。以轿车为例，座次的常规一般是右座高于左座，后排高于前排。目前在国内公务接待中最为常见的双排五人座轿车，车上座次的尊卑自高而低依次为：后排右座，后排左座，后排中座，前排副驾驶座。在公务活动中，尤其是在公务接待中，轿车上的前排副驾驶座通常被称为“随员座”。按惯例，此座应由陪同、秘书、译员、警卫或助手就座，而不宜请客人在此就座。唯独在主人亲自驾驶轿车时，客人坐在副驾驶座上与主人“平起平坐”，才是合乎礼仪的。主人亲自驾车，客人只有一人，应坐在主人旁边；若同坐多人，中途坐前座的客人下车后，在后面坐的客人应改坐前座，此项礼节最易疏忽。一般情况下，双排五人座轿车上的后排中座左右挨夹，坐在那里很不舒服，因此不宜请客人就座于此。

（4）乘车姿势。上车时最好客人从右侧门上车，主人从左侧门上车，避免从客人座前穿过。女士上车不要一只脚先踏入车内，也不要爬进车内。需先站在座位边上，把身体降低，让臀部坐到座位上，再将双腿一起收进车里，双膝一定保持合并的姿势。

三、引导礼仪

（一）引导时的顺序

在引导来宾时，具体到顺序问题上，主要会遇到下列五种情况：

其一，主客并排行进。在主客双方并排行进时，引导者应主动在外侧行走，请客人行走于内侧。若三人并行，通常中间的位次最高，内侧的位次居次，外侧的位次最低。

其二，主客单行行进。在不宜并行时，一定要自觉遵守交通规则，单行行进。在单行行进时，循例应由引导者行走在前，客人行走于其后，以便由前者为后者带路。

其三，出入房门。在出入房门时，引导者须主动替来宾开门或关门。此刻，引导者可先行一步，推开或拉开房门，让客人先通过。

其四，出入电梯。出入无人控制的电梯时，引导者须先入后出，以操纵电梯。出入有人控制的电梯时，引导者则应后入后出，这样做主要是为了表示对客人的礼貌。

其五，出入轿车。如果主客不同车，一般应为引导者座车在前，客人座车居后；主客同车时，则大都讲究引导者后上车、先下车，客人先上车、后下车。

（二）引导时的提示

在引导客人时，引导者除了与客人进行正常的交谈之外，往往还会就某些必要的情况，对客人进行介绍或提醒，主要涉及如下五种情况：

其一，提示其前往何处。引导客人进入大院、大楼、写字间、会客室、休息室前，应向对方主动说明此系何处。

其二，提示其会晤何人。引导客人前去会晤某人，而主客双方此前并未见过面的话，须提前告知客人，“我们现在前去张院长的办公室”，或者“李副局长正在会客室恭候各位”，以便让对方在思想上有所准备。

其三，提示其注意方向。引导客人上下楼梯、出入电梯、进出房间、通过人行横道或需要拐弯时，须提醒客人：“请各位这边走。”

其四，提示其所乘车辆。引导客人乘坐车辆时，务必要告知对方：“请各位上××号车。”

其五，提示其注意安全。引导客人经过拥挤或危险路段时，必须叮嘱一下对方：“请各位留神。”“请注意某处。”

进行引导时，除了口头提示外，还应辅以必要的手势，即以一只手掌心向上，五指并拢，伸直后为客人指示方向。

四、接待室礼仪

接待的地点确定之后，往往有必要对其室内进行一些必要的布置。在接待现场，必须注意以下几点。

（一）光线、色彩

招待来宾，一般宜在室内进行。室内的光照应以自然光源为主，房间最好是面南。如果担心阳光直射，则可设置百叶窗或窗帘予以调节。接待现场通常应当布置得既庄重又大方；色彩应有意识地控制在三种之内，最好是一两种。乳白、淡蓝、浅绿等色，为适宜之选。

（二）温度、湿度

有条件的话，要对用以招待客人的房间内的室温加以调控。室温以24℃左右为最佳。与此同时，还需要注意：室外气温较高时，室内外温差不宜超过10℃。一般认为，相对湿度为50%左右是最舒适宜人的。

（三）安静、卫生

为了使主客的正式会谈不受打扰，待客地点安静与否至关重要。除了其具体地点的选择有一定之规外，在进行室内布置时，亦须注意下列几点：地上可铺放地毯，以减除走动之声；窗户上可安装双层玻璃，以便隔音；茶几上可摆放垫子，以防放置茶杯时出声；门轴上可添加润滑油，以免关门或开门时噪声不绝于耳。在待客的房间内，一定要保持空气清新、地面爽洁、墙壁无尘、窗明几净、用具干净。

（四）摆设

一般来讲，在待客的房间内放置必要的桌椅和音响设备即可。必要时，还可放置一些盆花或插花。

五、座次礼仪

按照接待礼仪的约定俗成之法，在招待客人，排列主客之间的具体座次时，主要有如下四种办法。

（一）面门为上

主客双方采用“相对式”就座时，依照惯例，通常以面对房门的座位为上座，应让于客人；以背对房门的座位为下座，宜由主人在此就座。

（二）以右为上

主客双方采用“并列式”就座时，以右侧为上，应请客人就座；以左侧为下，应由主人就座。若主客双方参与会见者不止一人，则双方的其他人员可分别按照各自身份的高低，由近而远在己方负责人一侧就座。

（三）居中为上

如果客人较少，而主方人员较多时，可以由主方人员以一定的方式围坐在客人的两侧或者四周，请客人居于中央。

（四）以远为上

当主客双方并未面对房间的正门，而是居于房内左右两侧之中的一侧时，一般以距离房门较远的座位为上座，应请客人就座；而以距离房门较近的座位为下座，由主人就座。

六、接待的具体操作

（一）主动招呼

来访者进来时，应马上放下手头的工作，面带微笑，起身相迎，并招呼客人就座，如“您好！请坐”。

如果客人进来时你正在通电话，也应马上站起来，先跟通话方说一声“对不起，请稍停一下，我这儿来了客人”，然后捂住话筒，招呼客人入座，并请其稍等，如说“请您稍等，我马上就好”。重新通话后，应长话短说，尽快结束通话。

如果你手头的工作非常紧急，可以在起立让座后，请客人稍等，如说“很抱歉，我手头上的工作急需完成，请您稍等”。如果无法在短时间内完成，应安排另外的人接待。

接待人员切忌对客人的来访熟视无睹，只顾自己与人闲聊或是在电话里说些无关紧要的事；也不应只顾埋头工作，或是只接待某些自己熟悉的或自认为重要的客人。

同时接待几位来访者，应做到一视同仁，不应冷落其中的任何一位客人，接待应按客人到达的先后次序。

（二）及时介绍

当客人坐定后，应询问客人的来意。客人在被询问后，一般会马上递上名片作自我介绍，并说明来意。

（三）端茶送水

在接待时，按照中国传统习俗，应端茶送水。泡茶是一项很重要的礼节，具体要求如下：

（1）泡茶时应注意茶叶不要太多或太少。

（2）泡茶时，第一遍可以只冲一点水，第二遍再倒八成满。

（3）倒水时不要洒水出来，如果不小心洒了水，应及时用抹布擦去。

（4）茶盖揭下来应倒放在桌子上，以避免弄脏茶盖。

（5）茶泡好后，盖好茶盖，应把茶杯摆在客人右前方，茶杯把手向右，以利于客人端放。

（6）如果有一桌客人，中间有一位主人，应先从主人的右边即第一主宾处开始倒起，逆时针转动倒茶。倒茶时应站在客人右侧。

（四）专心致志

接待工作中，与客人交谈时，一定要做到洗耳恭听、专心致志，一心一意地对待客人，不要表现得心不在焉。

接待客人时，忌讳在客人面前摆架子、爱答不理、无精打采，或看书、看报、打电话，把客人冷落一旁。

七、送客礼仪

人们常说："迎人迎三步，送人送七步。"可见送客礼节是多么重要。

在送客时应注意：当客人告辞时，应起身与客人握手道别。对于本地客人，一般应陪同送行至本单位楼下或大门口，待客人远去后再离开。如果是乘车离去的客人，一般应走至车前，帮客人拉开车门，待其上车后轻轻关门，挥手道别，目送车远去后再离开。对于远道而来的客人，应提前为之预订返程的车票、船票或机票。一般情况下，送行人员可前往客人住宿处，陪同客人一同前往机场、码头或车站，必要时可在贵宾室与客人稍叙友谊，或举行专门的欢送仪式。在客人临上飞机、轮船或火车之前，送行人员应按一定顺序同客人一一握手话别，祝愿客人旅途平安并欢迎其再次光临。飞机起飞、轮船或火车开动之后，送行人员应向客人挥手致意，直至飞机、轮船或火车在视野里消失，送行人员方可离去。不可以在客人刚登上飞机、轮船或火车时，送行人员就立即离去。

第四节 商务洽谈礼仪

他山之石

小张是某大学的高才生，毕业后到一家外贸公司上班。一次，领导安排他接待一位英国客户。在几天的观光游览中，小张凭借流利的英语和丰富的历史文化知识，赢得了客户的好感。在欢送晚宴上，小张自认为与客户熟稔，便大模大样地坐在了客户身边。公司的领导走过来用眼神示意小张，但是他并没有察觉。领导无奈只能对小张说："这是你应该坐的位置吗?"小张只能在众目睽睽之下起身坐到了后排，场面十分尴尬。

小组讨论：

请问小张犯了什么错误？他应该坐在哪里？

商务洽谈的主要目的是增进了解和信任，促进合作，谋求共同发展。我们主要介绍会见、会谈和谈判三种商务洽谈。会见一般是礼节性的，是为了加强情感、交换意见；会谈和谈判是事务性的，是为了解决问题。

一、会见和会谈

（一）会见和会谈概述

会见和会谈是两项较正规而又联系紧密的活动。会见，国际上一般称为接见或拜会。凡身份较高的人士见身份较低者，或是主人见客人，一般都称为会见。凡身份较低的人士见身份较高者，或是客人见主人，一般称为拜会或拜见。拜见君主，又称谒见、觐见。

我国不作上述区分，一律统称会见。接见和拜见后的回访称回拜。

就会见的内容而言，有礼节性会见、政治性会见、事务性会见。礼节性会见时间较短，通常是半小时左右，话题较为广泛，形式也比较随便。政治性会见一般要谈论双边关系、国际局势等重大问题，话题较为严肃，形式较为正规。事务性会见则涉及业务商谈和经贸、科技、文化交流等内容，有较强的专业性，时间较长，也较严肃。商务组织主要参加的是事务性会见。

会谈是指双方或多方就某些重大的政治、军事、经济、文化问题以及其他共同关心的问题交换意见。也可以指洽谈公务，或就具体业务进行谈判。商务会谈指洽谈业务，即就具体业务进行谈判、会商。会谈的内容较为正式，专业性较强。

会见与会谈往往相辅相成。领导出面会见客人，往往为正式会谈定下基调或创造条件。会见中双方达成的原则性共识，往往要通过具体而细致的会谈加以系统化、条文化；有时，会谈也是为领导之间的高峰会见做准备。

（二）会见和会谈的准备

会见和会谈是企业常见的商务活动，为领导做好会见会谈的准备工作是秘书的必备技能之一。会见与会谈前的充分准备是保证会见与会谈成功的关键。

1. 资料的准备

会见与会谈总是为了达成某种目的而进行的。由于会见与会谈是双边的，为了达到目的，首先要了解对方的意图。在会见与会谈之前，应通过各种渠道了解以下内容：

（1）对方求见的目的。

（2）对方求见的对象。

（3）对方相关社会背景，如习俗、禁忌、礼仪特征等。

（4）对方参加会见（会谈）的人数、姓名、职务等。

（5）主要求见人（对方主谈人）的详细资料等。

以上资料，可帮助判断对方的真实意图，制定我方的目标和策略。

如果是国家间的会见与会谈，则应准备两种文字（我方、对方国文字）的文字资料，以供参阅。

2. 提前通知

会见一般由领导出面，除单独会见外，通常还要安排陪同人员及译员。

（1）通知主方接见人。

要根据求见方的要求、双方的关系，以及会见的内容、性质来确定主方接见人。如果不能满足对方的求见要求，应做好解释工作。

（2）通知主方陪同人员。

会见时，主方陪同人员不宜过多，只要求有关人员参加。

（3）通知主谈人。

主谈人的级别应与对方大致相等，并有权代表本企业。主谈人对会谈起主导作用，故应慎重选择。一般要求熟悉情况、擅长业务、老练稳重、机智敏捷、善于言辞和交际。

（4）通知其他会谈人员。

其他会谈人员的群体结构也应当合理。要在确定主谈人的同时，确定其他参加人员。

在主方参加会见与会谈的人员确定后，接待人员要及早通知有关人员，并协助做好准备。

（三）会见和会谈的地点和时间

1. 会见的地点和时间

会见的地点一般安排在主人的办公室、会客室或小型会议室，也可在客人的住所。

会见的时间应根据会见的性质来定。礼节性会见，一般安排在客人到达后的第二天或宴请之前；其他会见，则根据需要确定时间。

2. 会谈的地点和时间

会谈地点一般安排在客人所住的宾馆会议室。

会谈的时间安排应先征求对方的意见。

会见与会谈的名单、地点、时间一旦确定，应及时通知对方。同时，还要了解客人抵达方式，以便告知主方的接送方式及接送人员。如果是重要的会见和会谈，事先应由秘书或其他工作人员进行预备性磋商，确定会见、会谈的具体日程。

（四）会见和会谈的座次安排

1. 会见的座次安排

会见通常在专门的会客厅、会议厅、办公室等场所举行。各国有不同的会见礼仪程序，有时宾主各坐一边，有时穿插坐在一起。我国习惯在会客厅会见，双方一般应分边而坐；主方坐左边，客方坐右边；主宾席靠近主人席，译员、记录人员安排坐在主人或主宾的侧后边；主方陪见人在主人左边一侧按身份高低依次就座，其他客人按礼宾顺序在主宾一侧就座。座位不够可在后排加座。

会见时应遵循“主左客右”的原则，即客人坐在主人的右边。座位通常排成扇形或半圆形，如图 3-1 所示。

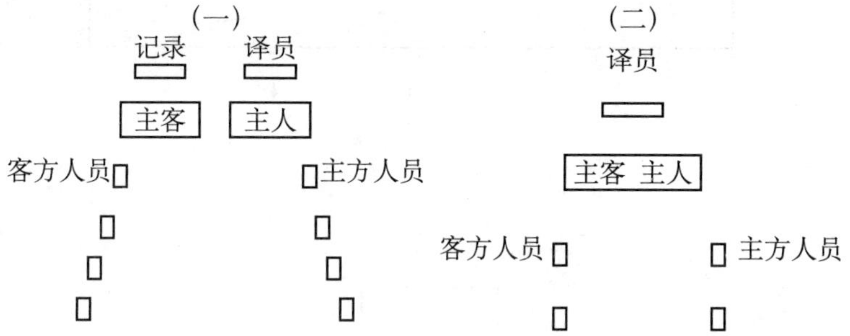

图 3-1 会见座次排位

2. 会谈的座次安排

只有两方参加的会谈叫双边会谈；有多方参加的会谈称多边会谈。双边会谈通常采用长方形、椭圆形或圆形桌子，宾主相对而坐，以正门为准，主人应位于背门一侧或门的左侧，来宾面对正门而坐或坐在门的右侧，双方主谈人居中。我国习惯把译员安排在主谈人右侧，但有的国家让译员坐在后面，一般应尊重主人的安排。其他人按礼宾顺序左右排列。记录员一般安排在后面，参加会谈的人数不多时，也可安排在前面就座。

若会谈桌一端向正门，则以入门的方向为准，右为客方，左为主方。多边会谈，座位可摆成圆形、方形等。小范围会谈时，有时不用长桌，只设沙发，双方座位按会见座位安排。

会谈座次安排如图 3-2 所示。

(五) 会见和会谈的基本程序

1. 迎接

会见、会谈时，主人应提前到达。

(1) 迎接地点：大楼正门口；接见厅、会见室门口。

(2) 迎接人员：主人；接待人员。

接待人员在大楼门口迎候客人，并引入会见厅。

重要来宾进门后，应由代表团团长向主人一一介绍代表团成员；对一般来宾，可以在入座后分别介绍宾主双方。

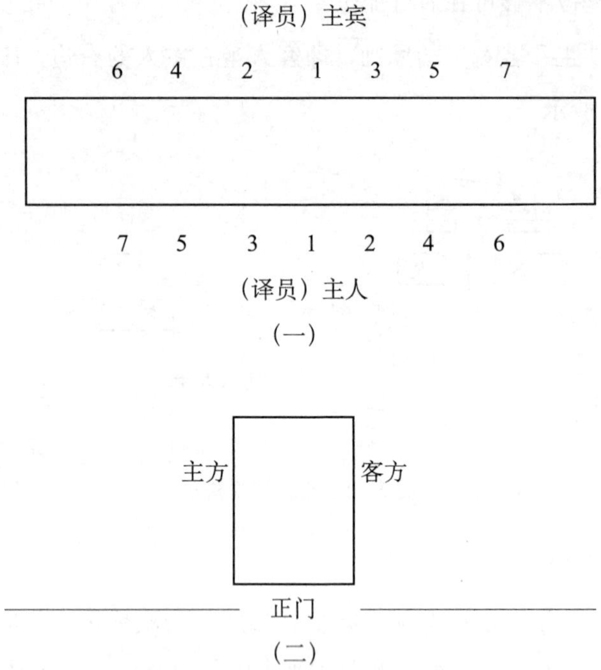

图 3－2　会谈座次安排

2. 致辞、赠礼、合影

(1) 致辞：主宾双方均可致辞。

(2) 赠礼：双方简单致辞后，互赠礼品，礼品不一定很昂贵，能表达敬意与友谊即可。

(3) 合影：如有合影仪式，应事先安排好合影位次，准备好必需的摄影器材。合影位次一般是主人居中，主人的右侧为上，主客双方按礼宾顺序排列。

3. 会见或会谈

合影完毕，参加会见、会谈的人员即可落座。主人可请客人先入座，或双方一起落座，但主人不能自己抢先坐下。

双方入座后开始会谈时，除陪同人员和必要的翻译、记录员之外，其他工作人员即应退出。在会见、会谈的整个过程中，不允许其他人员随意出入。

主谈人交谈时，其他人员不得交头接耳，也不能翻看与会谈无关的材料，不允许打断他人的发言。

正式会谈如允许新闻记者采访，通常也只是在正式谈话开始前采访几分钟。之后，新闻记者与其他无关工作人员一同离开会场，会谈正式开始。

4. 记录

会见或会谈时，均要有专人做记录，填写情况汇报表。

5. 会见与会谈结束

会见或会谈结束后，主人应将客人送至门口或车前，握手道别，目送客人离去后才可退回室内。整个会见、会谈的程序工作暂告一段落。

秘书人员要在整个会见与会谈的过程中，做好会见（会谈）人员的食宿、交通、参观访问等一切事宜的服务工作。

二、谈判

（一）谈判概述

商务谈判是最重要的商务活动之一。所谓谈判，是指在商务交往中，彼此存在着某种关系的有关各方，为了进行合作、拟定协议、签订合同，或是为了处理争端、消除分歧，而坐在一起进行面对面的讨论与协商，以求达成某种程度上的妥协。正规、正式的谈判非常注重礼仪。大多数正式的商务谈判，本身就是按照约定俗成的礼仪程序进行的。

（二）谈判的准备工作

1. 仪表方面的准备

对于正式出席谈判的人员，在仪表上有严格的要求和统一的规定。男士应当理发、剃须，不准蓬头垢面，不准留胡子或长鬓角。女士应该选择端庄、素雅的发型，并且化淡妆，不可染彩色头发，不可化浓妆或使用香气过浓的化妆品。

在仪表方面，服装是最应重视的。由于谈判事关重大，所以谈判者应穿着传统、简约、高雅和规范的正式服装。男士最好选择西装，不能选择夹克衫、牛仔裤、短袖衬衫、旅游鞋等；女士最好选择套裙，不能选择运动装、休闲装或比较性感的服装，也不能浑身上下戴满饰品，不宜穿细高跟的皮鞋。重视仪表，既是对自己的尊重，也是对他人的尊重。

2. 谈判场所的准备

根据商务谈判举行地点的不同，可以将谈判分为客座谈判、主座谈判、主客座轮流谈判以及第三地点谈判。谈判地点应由双方协商而定。如果是主座谈判，那一定要在礼仪方面多做准备，毕竟“礼多人不怪”。

3. 谈判的座次

在正式的谈判中，座次问题既涉及谈判者对规范的尊重，也是谈判者给予对手的尊重。

举行双边谈判时，应使用长方形桌子或椭圆形桌子，宾主分坐于桌子两侧。若桌子横放，则面对正门的一方为上座，应属于客方；背对正门的一方为下座，应属于主方。若桌子竖放，应以进门的方向为准，右侧为上，属于客方；左侧为下，属于主方。

在进行谈判时，各方的主谈人员应在自己一方居中而坐。其余人员则应遵循右高左低的原则，依照职位的高低自近而远地分别在主谈人员的两侧就座。假如需要译员，则安排其就座于仅次于主谈人员的位置，即主谈人员之右。

举行多边谈判时，按照国际惯例，一般以圆桌为谈判桌，这样尊卑的界限就被淡化了。但在就座时，依旧讲究有关各方的与会人员应尽量同时入场、同时就座。主方人员也不应该在客方人员之前就座。

（三）谈判的程序

理论上讲，谈判的过程由七步组成，包括：探询、准备、磋商、小结、再磋商、终结和谈判的重建。其中的每一个步骤都有一系列的准备工作要做，这就需要准备工作做得详尽和充分。

第五节 商务仪式礼仪

他山之石

在一次商务活动中，我国企业代表与外国商务代表协商签订了一份商务合同后，举办了一场有关商品的剪彩仪式。在仪式中，当我国企业代表致辞时，他说："先生们、女士们，大家下午好，我非常高兴……"当时，外国商务代表中有两位女士、三位男士，他们均流露出不愉快的表情。后来，在剪彩过程中，这位企业代表不小心把剪下的红缎带大花掉落在主席台上。虽然他一再解释是自己的疏忽造成的错误，但外国商务代表仍然非常生气，离席而去。

小组讨论：

本案例中的一些细节和失误导致商务仪式出现了遗憾，大家知道哪些地方不妥当吗？

在商务活动中，有许多仪式活动是经常遇到的，主要有签字仪式、开业仪式和剪彩仪式等。安排好这些仪式活动有助于商务活动的顺利开展，而商务人员在商务仪式上要懂得这些仪式的礼仪规范，才会不失身份。

一、签字仪式

（一）签字仪式概述

商务活动中，双方经过业务洽谈、讨论，就某项重要交易或合作项目达成一致，就需要把谈判成果和共识用准确、规范、符合法律要求的格式和文字记载下来，经双方签字盖章形成具有法律约束力的文件。围绕这一过程，一般都要举行签字仪式。签字仪式一般发生在社会团体、商业机构或涉外机构之间，是一种比较隆重、正式的礼仪，礼仪规范比较严格。

（二）签字仪式的准备

签字仪式是由双方正式代表在有关协议或合同上签字并产生法律效力，体现双方诚意和共祝合作成功的庄严而隆重的仪式。因此，主办方要做好充分的准备工作。

1. 布置签字厅

我国常见的布置为：在签约现场的厅（室）内，设一加长型条桌，桌面上覆盖着深冷色台布（应考虑双方的颜色禁忌），桌后只放两张椅子，供双方签字人签约时用。礼仪规范为客方席位在右，主方席位在左。桌上放好双方待签的文本，上端分别置有签字用具（签字笔、吸墨器等）。如果是涉外签约，在签字桌的中间摆一国旗架，分别挂上双方国旗，注意不要放错方向。插放国旗的位置与顺序，必须按照礼宾序列而行。例如，签署双边性涉外商务合同时，有关各方的国旗须插放在该方签字人座椅的正前方。如果是国内企业之间的签约，也可在签字桌的两端摆上写有企业名称的席位牌。签字桌后应有一定空间供参加仪式的双方人员站立，背景墙上方可挂上“××（项目）签字仪式”字样的条幅。签字桌的前方应开阔、敞亮，如请媒体记者应留有空间，配好灯光。现场布置的总原则是庄重、整洁、清静。

2. 确定参加仪式的人员

参加签字仪式的双方或多方，应通过协商确定出席正式签字仪式的人数。通常情况下，各方参加仪式的人数应大致相同。正式参加签字仪式的一般是双方参加会谈的人员，有时为了表示对签字仪式的重视，往往还邀请主方或双方的高级领导出席仪式，以示正式和庄重。

3. 文本的准备

签约之“约”事关重大，一旦签订即具有法律效力。所以，待签的文本应由双方与相关部门指定专人，分工合作做好文本的定稿、翻译、校对、印刷、装订等工作。除了核对谈判内容与文本的一致性以外，还要核对各种批件、附件、证明等是否完整准确、真实有效以及译本副本是否与样本正本相符。如有争议或处理不当，应在签约仪式前，通过再次谈判以达到双方谅解和满意方可确定。主办方应为文本的准备过程提供周到的服务和方便的条件。

待签的文本，应以精美的白纸印制而成，按大八开的规格装订成册，并以高档质料如真皮、金属、软木等作为其封面。

4. 服饰的规范

按照规定，签字人、助签人以及随员在出席签字仪式时，应当穿着具有礼服性质的深色西装套装、套裙或中山装套装，并且配以白色衬衫与深色皮鞋。

签字仪式上的礼仪人员、接待人员，可以穿工作制服，或旗袍之类的礼仪性服装。

5. 座次安排

（1）签署双边性合同。

1）应请客方签字人在签字桌右侧就座，主方签字人则应同时就座于签字桌左侧。

2）双方各自的助签人，应分别站立于己方签字人的外侧，以便随时给签字人提供帮助。

3）双方其他随员，可以按照一定的顺序在己方签字人的正对面就座；也可依照职位的高低，依次自左至右（客方）或是自右至左（主方）排成一行，站立于己方签字人的身后。

4）当一行站不完时，可按照以上顺序并遵照“前高后低”的惯例，排成两行、三行或四行。

5）原则上，双方随员人数应大体上相当。

签署双边性合同的座次排位如图 3－3 所示。

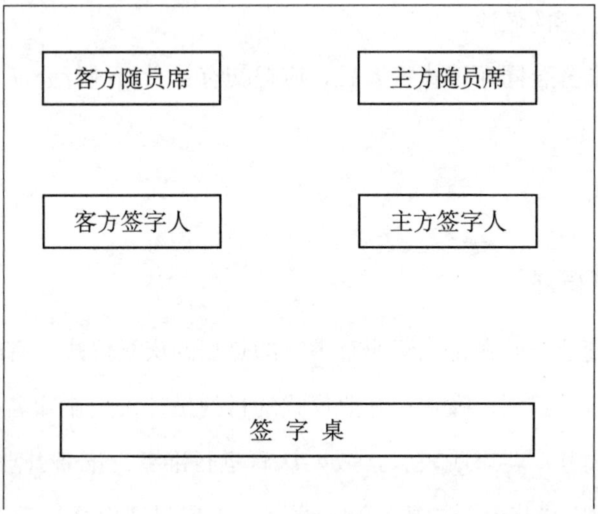

图 3－3 签署双边性合同的座次排位

（2）签署多边性合同。

1）一般仅设一把签字椅。

2）各方签字人签字时，须依照有关各方事先同意的先后顺序依次上前签字。

3）助签人应随之一同行动。在助签时，依“右高左低”的规矩，助签人应站立于签字人的左侧。

4）有关各方的随员，应按照一定的序列，面对签字桌就座或站立。

（三）签字仪式的程序

1. 签字仪式正式开始

有关各方人员进入签字厅，在既定的位次上各就各位。

2. 签字人正式签署合同文本

通常的做法是首先签署己方保存的合同文本，接着再签署他方保存的合同文本。商务活动规定：每个签字人在己方保存的合同文本上签字时，按惯例应当名列首位。

3. 签字人正式交换已经有关各方正式签署的合同文本

双方签字人应热烈握手，互致祝贺，并相互交换已签的合同文本。全场人员应鼓掌表示祝贺。

4. 共饮香槟酒互相道贺

交换已签的合同文本后，有关人员，尤其是签字人，当场干一杯香槟酒是国际上通行的用以增添喜庆色彩的做法。

一般情况下，商务合同在正式签署后，应提交有关方面进行公证，此后才正式生效。

二、开业仪式

（一）开业仪式概述

开业仪式是指商业企业在正式营业时举行的热烈的庆祝仪式，有时亦称作开业典礼。开业仪式的基本要求是热烈、隆重；开业仪式的目的是扩大企业知名度、树立企业形象。由于开业仪式牵涉面甚广，影响较大，故要认真进行准备。准备开业仪式，首先在指导思想上要遵循“热烈”“节俭”“缜密”三原则，力戒过于沉闷、乏味与过于铺张浪费、盲目比阔，力求周密、细致，严防百密一疏、临场出错。

（二）开业仪式的准备工作

1. 做好舆论宣传工作

（1）企业可以在报纸、电台、电视台广泛发布广告或在告示栏中张贴开业告示，以引起公众的注意。

（2）广告或告示的内容一般包括：开业仪式举行的日期；开业仪式的地点；企业的经营范围及特色；开业的优惠情况；等等。

（3）开业广告或告示发布时间：开业前的3～5天。

（4）邀请媒体记者在开业仪式举行时到现场进行采访、报道，予以正面宣传。

2. 拟出人员名单

除媒体记者外，参加开业仪式的人员还应包括：

（1）政府相关部门的领导。主要是表达企业对上级机关的感谢及希望能继续得到支持。

（2）社会知名人士。通过他们的名人效应，更好地提升企业的形象层次。

（3）同行业代表。希望能与他们同舟共济、彼此合作、促进友谊、共谋发展。

（4）社区负责人及客户代表。搞好企业与社区关系，求得与社区的共同繁荣，表明企业与客户的亲密合作关系。

同时也应列出本企业参加开业仪式的领导、员工代表和服务人员的名单。

3. 发放请柬

（1）提前一周发出请柬，便于被邀者及早安排和准备。

（2）请柬的印制要精美，内容要完整，文字要简洁，措辞要热情。被邀者的姓名要书写工整，不能潦草马虎。

（3）一般的请柬可派员送达，也可通过邮局邮寄。给有名望的人士或主要领导的请柬应派专人送达，以表示诚恳和尊重。

4. 做好场地布置工作

（1）开业仪式的场地可以安排在正门之外的广场，也可以在正门之内的大厅。

（2）不布置主席台或座椅。按照惯例，举行开业仪式时宾主一律站立，故一般不布置主席台或座椅。

（3）现场装饰。为显示隆重与敬客，可在来宾尤其是贵宾站立之处铺设红色地毯；在场地四周悬挂横幅、标语、气球、彩带、宫灯；在醒目处摆放来宾赠送的花篮、牌匾。

5. 做好各种物质准备

（1）用品准备：来宾的签到簿；本单位的宣传材料；彩带、剪刀、托盘；待客的饮料；等等。

（2）设备准备：音响、录音录像设备、照明设备以及开业典礼所需的各种用具都应准备妥当并认真进行检查、调试。

6. 安排接待服务人员

（1）在开业仪式的现场，一定要有专人负责来宾的接待服务工作。

（2）除教育本单位全体员工在来宾面前人人都要以主人翁的身份热情待客、有求必应、主动相助之外，更重要的是分工负责，各尽其职。

（3）在接待贵宾时，须由本单位主要负责人亲自出面。

（4）在接待其他来宾时，则可由本单位的礼仪小姐负责。

（5）若来宾较多，须为来宾准备好专用的停车场、休息室，并应为其安排饮食。

7. 做好礼品馈赠工作

根据常规，开业仪式向来宾赠送的礼品，应具有如下三大特征：

（1）宣传性。可选用本单位的产品，也可在礼品及其外包装上印上本单位的企业标志、广告用语、产品图案、开业日期等。

（2）荣誉性。要选择具有一定纪念意义的礼品，使拥有者对其珍惜、重视，并为之感到光荣和自豪。

（3）独特性。它应当与众不同，具有本单位的鲜明特色，使人一目了然，或令人过目不忘。

8. 准备开幕辞、致谢辞

开幕辞、致谢辞要言简意赅、热情庄重，起到密切感情、增加友谊的作用。

9. 拟定程序

开业仪式的程序有严格的先后顺序，事先应做好妥善安排。

（三）开业仪式的程序

1. 迎宾

接待人员在会场门口接待来宾，请来宾签到后，引导来宾就位。若不设座位，则告诉来宾其所在的具体位置。

2. 仪式开始

主持人宣布开业仪式正式开始，全体起立，奏乐，宣读重要嘉宾名单。

3. 致贺词

由上级领导和来宾代表致贺词，主要表达对开业单位的祝贺，并寄予厚望。由谁来致辞事先要定好，以免当众推来推去。对外来的贺电、贺信等不必一一宣读，但对其署名应予以公布。

4. 致谢辞

由本单位负责人致谢辞，向来宾及祝贺单位表示感谢，并简要介绍本单位的经营特色和经营目标等。

5. 揭幕

由本单位负责人和一位上级领导或嘉宾代表揭去盖在牌匾上的红布，宣告正式开业。在场全体人员在音乐声中热烈鼓掌祝贺。在非限制燃放鞭炮的地区还可燃放鞭炮庆贺。

6. 迎客

揭牌匾后，会有大批顾客随出席开业仪式的嘉宾一道进入公司或商场，边参观边采购或进行业务接洽。公司或商场的工作人员应恭敬热情地欢迎他们，并赠以开业纪念小礼品（如印有公司名称、电话、开业日期的购物袋，印刷品，小挂件等）。当日销售，大多数企业都实行让利优惠。

7. 结束

如有必要，可安排来宾就餐、观看文艺节目等。

三、剪彩仪式

（一）剪彩仪式概述

剪彩仪式是指为了庆贺公司的设立、工程的奠基或竣工、大型建筑物的启用、道路桥梁的开通、博览会的开幕等而举行的一种隆重的庆祝活动和宣传活动。因其主要活动内容是邀请专人使用剪刀剪断被称为“彩”的红色缎带，故被人们称为“剪彩”。

剪彩源于20世纪初的美国。美国一个小镇上有一家商店即将开业，店主让利大促销，他为了防止顾客提前进入店内，便在店门前拉了一条布带子。正当顾客迫不及待地等在店门口准备进去采购货物的时候，店主的小女儿牵着一条小狗从店里跑了出来，那条“不谙世事”的可爱的小狗不小心把店门前拉着的布带子碰落了下来，等候在店外的顾客误以为是已经可以进店采购了，便一拥而入，争相抢购。从此，小店顾客盈门。店主从这次偶发的事件中得到启迪，在后来的几家连锁店开张时如法炮制，每家店的生意都很好。于是，人们纷纷模仿，并赋予它一个美妙的名称“剪彩”。现在，剪彩已风靡全球，从最初人们用来促销的一种手段发展成为商务活动中的一种重要仪式，并形成了一整套礼仪规范和要求。

（二）剪彩仪式的准备

1. 剪彩物件的准备

（1）红（彩）色的缎带、绸带，应具有一定的宽度，根据需要结成等距离的若干彩球。为节约起见，不必选用整幅的长带，一般使用约两米的红带与彩球联结而成即可。有的单位用质地较好的彩纸取代，效果也很好。

（2）剪刀应选用新的，为显示隆重热烈，讲究的单位选用金色的剪刀。但要注意事先应试一试刀口的锋利程度，剪彩时一刀两断寓意开张顺利，因此要避免剪彩现场出现差错。

（3）托盘和剪刀、彩球的数量应与剪彩的人数相一致。托盘供接（剪下）彩球之用，应该华贵而醒目、大小适中、质地考究。每个盘中放置新剪刀一把，白色薄纱手套一副，用红绒布衬垫。使用时由礼仪小姐双手递送给剪彩者。

2. 剪彩者的确定及剪彩者的礼仪要求

剪彩者主要在应邀的来宾中产生，一般为上级领导、部门主管、社会名流以及专家顾问、合作伙伴和本单位代表，视情况确定一人或多人参与剪彩。剪彩者确定后，对本单位以外的剪彩者，必须由本单位的负责人亲自出面或委派代表前往邀请，只打个电话或发个请柬显得过于草率。现场剪彩者如果不止一位，在邀请时应征得几位剪彩者共同同意。

剪彩者是剪彩仪式的主角，由于他们的特殊身份，更易于为人们和媒体关注。他们在剪彩仪式上的举止行为，要特别注意做到符合礼仪规范。具体要求如下：

第一，修饰自己的仪表着装。剪彩者的仪表要庄重、整齐，着装要正规、严肃。着中山装、西装或职业制服均可，依剪彩仪式的需要而定。头发要梳理整齐，脸部要洁净，给人以容光焕发、干净利落的好印象。

第二，注意剪彩中的举止行为。剪彩者在仪式全程中，应始终保持稳重的姿态、洒脱的风度和优雅的举止。起身剪彩时，应面带微笑地稳步走向待剪的彩带，从礼仪小姐的托盘中自取剪刀，并向礼仪小姐及两边的拉彩带者微笑示意，然后严肃认真地将彩带一刀剪断。如果剪彩者不止一人，还应当兼顾其他各位，彼此尽量同时开剪。剪完后，将剪刀放回托盘，并举手向人们致意或鼓掌庆祝。

第三，尊重主办单位，尽力配合仪式进程。剪彩者一定要按照约定的时间提前来到仪式现场。到现场后，可与主办单位人员或其他先到的嘉宾交流，不宜独坐一隅。仪式开始后，则应专心倾听别人的发言，关注仪式进程，不宜与人谈笑。剪彩归来回位之前，应先和主办单位的代表握手致贺，礼节性地谈几句。在后续活动中，也应善始善终，听从主办单位的安排，切忌指手画脚、自以为是，令主办单位为难。

3. 礼仪小姐的选定及礼仪要求

礼仪小姐是剪彩仪式中负责引领宾客、拉牵彩带、递剪接彩等工作的服务人员，在仪式中担任着重要角色。礼仪小姐可从公关公司、旅游公司及礼仪公司聘请，或向社会招募，也可以在本单位女职工中挑选。条件一般是容貌姣好、仪态端庄大方，还要有一定的文化素养和气质，比较年轻和健康等。对挑选出的礼仪小姐，应该进行必要的教育和培训，让大家懂得剪彩仪式的意义和自己的责任，熟悉剪彩仪式的程序和应有的礼节，落实各自的分工和位置，以确保仪式有条不紊地进行。

首先是仪容要高雅。剪彩仪式上的礼仪小姐，多数情况下统一身着中华民族传统的礼仪服装——旗袍（也有穿西式套装的），脚穿黑色高跟皮鞋，化上淡妆，盘起头发，面带微笑，步履轻盈。要争取一举一动、一颦一笑都能给人以美的享受，做到典雅大方、光彩照人。

其次是举止行为要规范。在仪式进行中，礼仪小姐应训练有素，走有走姿，站有站相，整齐有序，动作一致。尤其应注意做到始终保持微笑，这一点最重要，又最不容易做得好，主办单位必须加以强调。如果在仪式进行中有小意外（比如剪了几次，仍未能剪断彩带）发生，礼仪小姐应平静地处理，不可手忙脚乱、大呼小叫。

最后是工作责任心要强。礼仪小姐在剪彩仪式中，应以规范的举止展示本单位的形象和风采，她们应当意识到，自己在仪式上的一点点粗心大意都会给来宾留下深刻的印象，给本单位带来损失。所以礼仪小姐的工作需要有高度的自控力和责任心。如果在仪式进行中，礼仪小姐不知去向或丢三落四或面无表情，势必破坏剪彩仪式的热烈气氛，影响仪式的最终效果。

（三）剪彩仪式的程序

1. 就座

一般情况下，会场只安排剪彩者、来宾及本单位主要领导和部门负责人的座位，剪彩者应就座于前排。

2. 正式开始

主持人宣布剪彩仪式开始后，全体鼓掌，请乐队演奏欢快热烈的乐曲以烘托气氛，同时，礼仪小姐应排成一行率先登场，从两侧同时登台或从右侧登台均可。拉彩者与捧花者站成一行，拉彩者处于两端拉直红色缎带，捧花者各自双手捧一朵花团。托盘者须站立在拉彩者与捧花者身后一米左右，并自成一行。此后，主持人介绍重要来宾并向他们表示感谢。

3. 奏国歌

全体起立，奏国歌，亦可演奏本单位的“标志性”歌曲。

4. 宾主致辞

发言者有东道主单位的代表、上级主管部门的代表、地方政府的代表、合作单位的代表等。内容应言简意赅，重点在介绍、道谢和致贺。

5. 开始剪彩

主持人向全体到场者介绍剪彩者，剪彩者应面带微笑向大家致意。剪彩者在礼仪小姐引导下走向剪彩位置，应让中间的主剪者走在前面，其他剪彩者紧随其后走向自己的剪彩位置。托盘者在剪彩者均已到达既定位置之后，应前行一步，呈上白手套、新剪刀。剪彩者应微笑致谢并表情庄重地将缎带一刀剪断。如有几位剪彩者共同剪彩，则应协调好彼此的行动。剪彩时，剪彩者还应和礼仪小姐配合，注意让彩球落入托盘内。剪彩者在剪彩成功后，可以右手举起剪刀，面向全体到场者致意，然后放下剪刀、手套等物，举手鼓掌。接下来，可依次与东道主进行礼节性的谈话并握手道贺，然后退场。

6. 剪彩结束

不管是剪彩者还是助剪者，在上下场时，都要注意井然有序、步履稳健、神态自然。在剪彩过程中，更要表现得落落大方。待剪彩者退场后，礼仪小姐方可列队退场。

剪彩仪式结束后，东道主通常以自助餐的形式招待来宾，或以纪念性的礼品赠送来宾。

第六节 宴饮礼仪

一、设宴礼仪

他山之石

为了促成一桩生意，张光特意邀请到访中国与其洽谈生意的美国客商吃了一顿大餐。席间，为了照顾好这位美国客商，他经常为其夹菜，热情高涨。天气较热，张光满脸流汗，他随手拿起餐巾，擦了擦汗。为了营造轻松的气氛，他不时说一些社会负面趣闻，逗得大家哈哈大笑。宴会在愉快的氛围中结束了。事后，张光却得到了这位美国客商拒绝与他合作的消息。张光一头雾水，抱怨与外国人不好交往。

小组讨论：

张光在设宴款待美国客商的过程中触犯了什么禁忌?

宴请是指盛情约请宾客宴饮的聚会，是以此款待宾客，进行友好交往团聚、联络感情、畅叙友情的一种社交活动。无论是日常生活中的欢庆佳节、婚嫁乔迁、致意答谢，还是商务活动中的签订合同、择吉开张，都离不开宴请。宴请并不是随随便便的请客吃饭，而是有一整套特有的礼仪。熟练掌握宴请的礼仪规范，才能使宴请的功能得到有效发挥。

（一）宴请的种类与形式

1. 宴请的种类

根据宴请的目的分，有迎送宴会、喜庆宴会、商务宴会、答谢宴会、工程开/竣工宴会、展览开/闭幕宴会等。

根据宴请的形式分，有宴会、招待会、茶会、工作餐等。

根据宴请的食物特点分，有中餐、西餐。

根据宴请使用的餐具分，有分餐、共餐、混合餐。

2. 宴请的形式

在社会生活中，我们可以根据不同的宴请目的、对象、人数，选择不同的宴请形式。常见的宴请形式有以下几种：

（1）宴会。

宴会指比较隆重、正式的设宴招待。根据举办的时间，有早宴、午宴、晚宴之分，一般认为，晚宴最为隆重、正式。根据举办的规格，宴会又有国宴、正式宴会、便宴和家宴之分。

1）国宴。国宴是规格最高的宴会，是国家级庆典宴会。举办方为本国政府首脑、国家元首或来访的外国元首、政府首脑。举办国宴一般要悬挂双方国旗，奏双方国歌。宴会上主人和主宾均要致辞，席间要奏音乐。国宴讲究排场，对宴会厅的陈设、菜肴的道数，以及服务员的个人礼仪都有严格的要求。

2）正式宴会。正式宴会也是一种规格较高的宴会，除了不悬挂国旗、不奏国歌、出席者级别不同外，其余都与国宴相似，有时也安排乐队演奏席间音乐，宾主均按身份排位就座，有着装要求，菜肴、酒水、餐具均很讲究质量和特色，服务要求规范。

3）便宴。便宴属于非正式宴会，常见的有午宴、晚宴，也有个别情况下的早宴。形式较为简便，可以不排座次，不作正式讲话，菜肴、酒水不必太多。特点是气氛融洽，有利于各方交往。

4）家宴。家宴指在家中设宴招待宾客。可以由主妇亲自掌勺，也可以请厨师上门做菜。家宴不仅广泛应用于民间交往，官方业务往来也有采用这种方式的。家宴由于容易营造亲切、友好的气氛，因此运用得也比较多。在西方国家，有不少人喜欢这一宴请形式。

（2）招待会。

招待会是指各种不备正餐的宴请形式，只备一些食品和饮料，不安排座次，具有灵活、简便的特点。

1）冷餐会，又称自助餐。菜肴以冷食为主，也可冷、热兼备，菜肴与餐具集中摆放在大餐桌上，供客人自取。适用于规格不是太高，出席人员众多的礼节性、纪念性活动的宴请。客人可以多次取食，在自由选取食物时，应按顺序，不可争抢。取食要适量，够吃即可。可以找到合适的位置坐下进食，也可站立进餐，自由活动，彼此交谈。冷餐会可在室内外进行。由于这种方式既简单、节省费用，又亲切随和，所以得到广泛运用。

2）酒会，又称鸡尾酒会，是一种主要用酒水招待客人的餐饮形式。鸡尾酒是用多种酒按一定比例放入容器，并放入适量果汁调配成的酒。现在的酒会不一定非喝鸡尾酒，但酒的品种要多一些，一般少用或不用烈性酒，略备小吃，如炸春卷、小香肠、三明治等，多以牙签取食。不设座椅，仅置小桌或茶几。客人可以随意走动，接触交谈，从服务员所托盘子中取食。时间较为灵活，中午、下午、晚上均可，一般安排在下午 4 时以后。请柬上一般注明酒会起讫时间，客人可在此间任何时候入席、退席，来去自由。参加者衣着方面不用过于讲究，整洁即可。由于这种方式更灵活、自由、轻松方便，在国内外都得到广泛运用。

3）茶会。茶会是一种更简便的宴请形式。茶会的时间一般安排在上午 10 时或下午 4 时左右。以请客人品茶为主，亦可略备点心、小吃。茶会通常在客厅、会议室等场所举行，厅内设茶几、座椅，不排座次。如果是为某贵宾举行的活动，入座时主人要有意识地和主宾坐在一起，其他人随意就座。茶会对茶具的要求比较高，要根据客人的喜好选择上等茶叶，要用精致的陶瓷茶具斟茶，茶水不宜太浓太满，尽量体现茶文化的特点。也有以咖啡代替茶的，其组织安排与茶会相同。招待外国客人一般用红茶和咖啡。

4）工作餐。工作餐是人们工作特别繁忙时采用的一种方便、快捷的非正式宴请形式，参加者利用共同进餐的时间，边吃边谈问题。不邀请与工作无关的人员，每人一份，既简便快速，又干净卫生。双边工作进餐往往以长桌安排座次，其座位与会谈桌座位排列相仿，便于主宾双方交流、磋商。工作餐可在早、中、晚举行。

（二）设宴前的准备

宴请前的准备工作是十分重要的，从宴会设计到宴会的组织实施，每个环节、每个步骤都要考虑周到、准备充分，才能确保宴会的顺利举行。

由于宴请的种类和形式不同，宴请的前期准备工作也不一样。非正式宴请工作较简单，而正式宴请就要复杂得多。这里以正式宴请为例。

1. 确定宴请的目的、名义、范围和形式

宴请可以是为某人或某事而举行，如节日聚会、贵宾来访、会议闭幕等。宴请是指以谁的名义出面邀请，可以以个人的名义，也可以以单位名义，具体可依据主宾双方的身份来确定。宴请的范围是指请哪些方面的人士出席，请到哪一层次，请多少人，包括主人一方请什么人来作陪。宴请的人数应该是偶数，使每个人在宴会上都有谈话对象。除工作餐外，如有需要，一般可邀请宾客的配偶等。如果是多边活动，还要考虑相互之间的关系，避免造成尴尬局面，影响宴会的气氛和效果。在明确宴请的目的、名义、规格、对象、范围之后，结合当地的习惯做法，进而选择宴请的具体形式。一般来说，规格高、正式、人数少的用宴会招待，人数多的以冷餐会、酒会为宜。

2. 确定宴请的时间和地点

宴请的时间原则上应以主宾双方都合适为宜，注意避开对方的重大节假日、重要活动或禁忌的日子和时间。如宴请西方客人，一般不选择13日和星期五；伊斯兰教信徒在斋月内白天禁食，宴请宜在日落后举行。此外，还有一些特殊情况，如特定节日、纪念日的宴请，只能在节日、纪念日之前或当日举行，而不能推迟；接风送行等，只能由行期所定。

宴请地点的选择，体现主人对宴请的重视程度。通常应选择那些交通方便、环境幽雅、菜肴精美卫生、服务优良、管理规范的饭店、宾馆作为宴请的场所。可以按活动性质、宴请目的、名义、规模、形式、客人特点、主人意愿及实际可能而定。

3. 发出邀请、制发请柬

除便宴和工作餐外，宴请活动均应发送请柬。这既是礼貌，也可供客人备忘用。如果是便宴、工作餐，可通过口头或电话的方式邀请，可不发请柬。如果是邀请最高领导者作为主宾参加活动，还需单独发邀请信，其他宾客发请柬。

请柬的封面一般用红色纸张印制，上面有“请柬”二字，被邀请者的姓名、职务及敬称有时也可在封面上出现。

请柬的正文内容包括被邀请人的称谓、宴请的名义、形式、时间、地点、主办人或主办单位要用敬语，行文一般不用标点符号。如要求被邀请人回复，则应在请柬下角注明。正式宴会最好能在发出请柬之前安排好座位，并在请柬的信封下角注明席位号。

请柬正文示例：

尊敬的×××先生：

为答谢贵公司对我厂的大力支持，谨定于11月11日上午8时在华洋宾馆举办宴会，恭请您偕夫人光临。

请答复。

电话：××××××××

×××（盖章）

××××年×月×日

请柬应提前一周至两周发出，便于被邀请人早做安排。

按国际习惯，对夫妇两人可发一张请柬；国内若是凭请柬入场的宴请，则每人发一张。

请柬发出后，应及时落实出席情况，以便安排、调整和布置。

4. 制定菜单

无论是哪一种宴请，事先都应开列菜单。如果是单位宴请，还应征求主管负责人的同意。

确定菜单时，要注意以下几点：

（1）量力而行。按照经费预算来确定菜肴的品种、数量和价位。

（2）搭配合理。包括冷热搭配、荤素搭配、营养搭配、时令菜与传统菜搭配以及甜点与酒水、饮料、茶点的搭配等，做到有冷有热、有荤有素、有主有次。

（3）体现出特色。可准备本地的特色菜、饭店的看家菜、家庭主妇的拿手菜等。

（4）选菜不应以主人的喜好为标准，要考虑宾客，特别是主宾的饮食习惯、口味与禁忌，不得触犯客人禁忌。

1）宗教禁忌：穆斯林不吃猪肉、不饮酒。

2）工作禁忌：驾驶员工作时不得饮酒，国家公务员参加公务宴请时不得饮烈性酒。

3）民族禁忌：很多西方人不能接受“山珍海味”，如燕窝、鱼翅、海参；日本人不吃黄鳝。

4）个人禁忌：尤其是主宾的个人禁忌。

菜单定好后，如果是大型、正式的宴会，即可印制一些精美的菜单，一般每桌放置两三份，讲究的也可每人一份。

5. 现场布置

（1）布置、美化环境。

宴会厅和休息厅的布置、美化取决于活动的性质和形式。比如，官方正式活动场所的布置应该严肃、庄重、大方，可摆常青树、鲜花、盆景作装饰；而庆贺、接风欢送、乔迁开张、商务宴请等则应突出喜庆、欢乐的氛围。主办者可以根据活动的需要，在宴会厅的正面上方拉一条红色横幅。在宴会厅一侧，摆放一些花草盆景，设置临时致辞台。有时，为了营造气氛，还可摆放大型立式花篮。总之，要使环境、气氛与宴请活动的目的和性质相协调。宴会休息室可按客厅布置。

（2）餐具的准备。

根据宴请人数和酒、菜的道数准备足够的餐具。玻璃杯、酒杯、筷子、刀叉碗碟等餐具，在宴请之前都应洗净擦亮。餐桌上的一切用品都要清洁卫生。

（三）设宴中的礼仪

正式宴会的接待有特定的程序及相应的礼仪，主办者应熟练掌握并认真实施，以确保宴会的成功。

1. 迎宾

主人要在宴会厅的大门口迎接客人，如有尊贵客人，还应列队欢迎。如举办大型宴会，主办方要在宴会厅门口挂桌次简图，或将其印制好发给每位客人。客人进门后先到休息室小坐，如果没有休息室可以直接进入宴会厅，但不正式落座。等主人陪同主宾进入宴会厅后，全体人员才正式就座，宴会开始。

2. 宴会致辞、祝酒

正式宴会一般均有致辞，但安排的时间不尽一致。有的一入席双方即致辞，也有的在热菜之后甜食之前致辞。致辞时，服务人员要停止一切活动，参加宴会的人员均暂停饮食，专心聆听，以示尊重。在致辞行将结束时，服务人员要迅速把酒斟足，供主人和主宾等祝酒用。

3. 上菜

中餐的上菜顺序一般是：冷盘、热炒、大菜（通常以汤菜结束）、甜点、水果。要注意的是，在宴请外宾时，不可过分地劝酒劝菜，也不可说“菜不好，请原谅”之类过分谦虚的话，他会误解为你有意怠慢他。

4. 宴会中的敬酒献乐

在宴请过程中，主人一般要依次向所有宾客敬酒，或按桌敬酒。敬酒时，上身要挺直，双腿站稳，以双手举起酒杯，向对方微微点头示礼，等对方饮酒时再跟着饮。敬酒的态度要稳重、热情、大方。需要一一敬酒时，主人应按礼宾顺序先向主宾敬酒，再依次向其他宾客敬酒。在宾客较多的场合，主人可依次到各桌敬酒，并提议大家一起干杯，这时主人只要举杯示意即可，不必一一碰杯。在让酒、劝酒时，主人要尊重宾客的意愿，切忌把让酒、劝酒的礼节变成一种强迫，以免破坏宴会的友好气氛。

如果是大型、隆重的宴会，还备有乐队。主人可安排乐队演奏席间音乐。

5. 宴会中的交谈

宴请并不是目的，借此相互认识、了解、交流、增进友情、加强协作才是目的。因此，席间一味地埋头吃是不礼貌的。宾主双方应就彼此都感兴趣的话题，亲切交谈。交谈的范围可以广一些，应选择一些大众性、趣味性、愉悦性的话题，宴会中不宜深入谈判具体的、实质性的问题，要“多叙友情，少谈工作”，切不可把餐桌变成谈判桌，以免陷入僵局，使双方不快。

同时，应注意不要只谈自己，忽略其他人。还要避免谈及忌讳的、敏感的、容易引起争执的话题。总之，一切从增进友谊、活跃宴会气氛的角度出发。

6. 适时结束、送客

一般宴会应控制在 90 分钟左右，最长不超过 2 小时。过早结束，会使客人感到不尽兴，甚至对主人的诚意表示怀疑；时间过长，则宾主双方都感到疲劳，反而会冲淡宴会的气氛。因此，当宴请程序基本完成时，主人要掌握时机，适时结束宴会。一般在服务人员端上水果吃完后，宴会即可结束。此时，一般先由主人向主宾示意，请其做好离席的准备。然后，主人与主宾起立，主人宣布宴会到此结束，并对各位宾客莅临宴会表示衷心感谢。若为参加宴会者备有小纪念品，宴会结束时，主人要招呼宾客带上纪念品。主人应先将主宾送至门口，热情握手告别。主宾离去后，再与其他宾客礼貌握手告别。如安排有娱乐活动，如舞会等，可挽留有兴趣的来宾自由参加，主随客便。

二、赴宴礼仪

他山之石

劲松集团准备举办企业年会，感谢客户对集团工作的支持与帮助。赵华作为某合作单位部门领导，于××××年 12 月 25 日收到了劲松集团发来的请柬，他随手放在了一边。12 月 28 日，在收拾物品时，他突然发现了这张请柬，慌忙跑去赴宴。可是宴会已经开始，因人员较多，每桌都有桌牌和名字，他找了一大圈，才找到自己的位置。坐下后，主人开始讲话，这时，他的手机突然响起。赵华马上接听电话，被告知单位有急事需要他签字，但主人发言还未结束，他急得左顾右盼。主人讲话完毕，他马上起身离开，许多在场的人员把目光都投在了他的身上，“万众瞩目”下，赵华匆忙离场。

小组讨论：

在赴宴过程中，赵华有哪些失误？他该如何赴宴？

宴请作为重要的社交活动，涉及主、客双方，不仅主人要注意宴请活动中的礼仪要求，客人也应注意赴宴的礼节、礼貌，以向主人和其他来宾展示自己良好的礼仪修养，塑造良好的形象。

（一）赴宴前的礼仪规范

1. 应邀礼仪

接到宴会邀请，对能否出席应尽早答复对方，以便主人做出安排。接受邀请后不要随意改动，万一遇到特殊情况不能出席，尤其作为主宾，应尽早向主人郑重解释、道歉，甚至亲自登门致歉。应邀参加宴请之前，要核实宴请的主人，宴请活动举办的时间、地点，是否邀请配偶以及主人对服饰等方面的要求。

2. 注意仪容、仪表

出席宴会前，一般应梳洗打扮，女士要适当化妆，男士要梳理头发并剃须。衣着要求整洁、大方、美观，使仪容、仪表符合宴请场合的要求。国外宴请非常讲究服饰，往往根据宴会的正式程度，在请柬上注明着装要求。在我国虽然没有具体要求，应邀者也应该穿一套合体入时的整洁服装，容光焕发、精神饱满地赴宴，这将给宴会增添隆重、热烈的气氛。如果夫妇同去赴宴，还应注意服装的式样、颜色等的和谐统一。

3. 备礼品

可按宴请的性质和当地习惯以及主客双方的关系准备赠送的礼品。参加家庭宴会，可给女主人准备一束鲜花。赠花时要注意对方的禁忌。礼品价值不一定很高，但要有意义，通常在宴会开始前送给主人。

（二）赴宴中的礼仪

1. 按时抵达

出席宴请活动，过早、过迟抵达或逗留时间过短，不仅是对主人的失礼，也有损自己的形象。按时出席宴请是最基本的礼貌。一般来说，身份高者可略晚些到达，一般客人宜略早些到达。万一有特殊原因不能按时到达，应及时通知主人并致歉。赴宴前应估算一下路上花费的时间，最好比预定的时间早到或晚到两三分钟，去得太早主人可能没准备好，去得太晚甚至比主宾还晚，那就更失礼了。如果与主人关系密切，则不妨早点到达，以帮助主人招待宾客或做些准备工作。

2. 问候、赠礼

抵达宴会活动地点，如主人已在那里恭迎，则应趋前与主人握手、问好、致意，随主人或迎宾人员引导步入休息厅或宴会厅。如果是庆祝活动，还应表示祝贺。同时，将事先备好的礼物双手赠送给主人。

3. 礼貌入座

入座应听从主人安排，不可随意乱坐。若是正式宴会，进入宴会厅之前，应先了解自己的桌次和座位，入座时注意桌上的座位卡是否写有自己的名字，不可坐错座位。另外，入座要讲究顺序，礼让尊长，注意方位，从左入座，背对座椅，落座轻稳。在社交和公务场合，若与他人一起入座，应礼貌地邀请对方首先就座或与对方同时就座，不可抢先坐下，应主动把上座（如面门的座位、居中的座位、右侧的座位、舒适的座位）让给尊长。入座后，可与同席的人随意交谈，等待用餐。

4. 举止行为要文明礼貌

（1）坐姿礼仪。

1）正确的坐姿。

坐姿的基本要求：身体应保持挺直，两脚齐放在地板上。当然，这并不是要求必须像军人一般，坐得像枪杆一样笔直，不过也不能像布娃娃一样，弯腰驼背地瘫在座位上。用餐时，腹部和桌子保持约一个拳头的距离。两脚交叉的坐姿最好避免。

在上菜空档，把一只手或两只手的手肘撑在桌面上无伤大雅。不过，吃东西时，手肘最好还是离开桌面。如果两个胳膊不顾一切地往外张开，使左右两边的同席者感到不便是很不礼貌的。

2）纠正不雅坐姿。

一个人的坐姿也是他的素养和个性的体现。得体的坐姿可以塑造良好的个人形象，而错误的坐姿则会给人一种粗俗、没有教养的印象。

在正式场合，不应出现下列坐姿：一是双腿过度分开；二是高架“二郎腿”；三是腿脚抖动摇晃；四是左顾右盼，摇头晃脑；五是上身前倾后仰或弯腰曲背；六是双手或端臂，或抱脑后，或抱膝盖，或抱小腿，或放于臀部下面；七是双腿向前伸出或脚尖指向他人；八是双手撑椅；九是坐下后随意挪动椅子。

（2）餐巾礼仪。

餐巾主要用来擦拭因用餐而弄脏的嘴角和手，也可以在吐出骨头或水果核时，拿来遮住嘴，但不能用于擦面、擦汗。拭嘴时最好用其内侧。不要用餐巾擦拭餐具，以免主人因餐具不洁之嫌而尴尬。

“餐巾礼仪”微课视频

在正式宴会上，客人需待主人拿起餐巾后方可拿起餐巾。如有主宾或长辈在座，一定要等他们拿起餐巾折叠时才能跟着做动作。

在第一道菜尚未上桌之前，先将餐巾展开，然后将餐巾折叠（大的正方形餐巾可折成等腰三角形，长方形餐巾可对折）放于腿上，小餐巾可直接铺在腿上。要记住，除非你起身离开，否则餐巾应始终在你的腿上，不应该放在桌上或盘碟的下面。中途离开座位的时候，应将餐巾放在椅子上，表示还要回来。用餐巾擦嘴时动作要轻，不要太夸张地用力去磨。如果你或你的同桌不小心把食物弄到桌上，不要用餐巾去擦，应当把侍者叫来清理桌布。用餐完毕，只要将餐巾大致折叠一下（不用叠得很整齐）放在桌上即可，不过一定要避免“扔”这个动作。

（3）筷子礼仪。

在各种餐具中，筷子是使用人数最多的一种。中国的筷子早在几千年前就问世了，公元 4—6 世纪传到日本和东南亚各国。筷子虽构造简单，但巧妙地运用了杠杆原理。它不仅集刀叉功能于一身，而且有健身益智的功效，因为操作筷子要牵动就餐者 30 多个关节和 50 多条肌肉，有助于灵巧手指。

知识库

用筷十忌

一忌迷筷，犹豫不决，不知该如何下筷。

二忌搅筷，用筷子搅动碗中的菜肴，挑菜拣食。

三忌刺筷，以筷当叉戳食。

四忌碎筷，持筷撕拉口中的菜、肉。

五忌泪筷，一面滴着汤汁，一面把菜夹进嘴中。

六忌剔筷，用筷子当牙签剔除牙缝里的菜肴。

七忌舔筷，用嘴舔筷子。

八忌架筷，把筷子架在碗上或插在饭碗中。

九忌传筷，利用自己用过的筷子传递菜肴。

十忌指筷，持筷说话、指人。

5. 私人物品摆放礼仪

手提包、手套、钥匙等私人物品，不要放在桌上，因为餐桌只是用餐的地方，放上私人物品会妨碍他人用餐，十分不礼貌。在较高级的餐厅用餐，餐厅都会备有衣帽间，外套、伞具等物皆可交给服务人员放置于衣帽间，避免弄脏衣物。手套等零碎物品可放进手提包里，手提包则放在椅子旁的地板上或挂在皮包架上。若邻座没有人，也可以放置在邻座椅子上。

6. 用餐过程中的其他礼仪要求

（1）用餐时应有愉快的表情，心事重重的神态、漫不经心的样子，是对主人和其他宾客的不礼貌。

（2）用餐时要讲文明，喝酒要有节制，不要失态。

（3）用餐过程中，一般不可随便离席。若需上卫生间，不可直接说“去上卫生间或厕所”之类的话，可以说“对不起，我出去一下”。即使大家很熟悉，也最好用含蓄的说法，以示文雅、礼貌。

（4）离席时动作要轻，不要惊扰他人，更不要把座椅、餐具等物碰倒。

（5）在宾主致辞时应注意倾听，不要摆弄桌上的餐具。

（6）进餐时要主动与其他人交际应酬，特别是和自己的邻座，切不可一言不发，只顾自己埋头吃喝。

（7）进食要文雅大方。要小口进食，闭嘴咀嚼，不要狼吞虎咽。若是自助餐，应遵循“一次少取，多次取食”的原则，不要将自己盘中的食物堆得冒尖。

（8）吃食物和喝汤时，不要发出很响的声音，不要用嘴吹汤，应待其自然冷却后再喝。

（9）取菜时，应取靠近自己一方盘中的菜，不能在盘中挑来拣去。注意动作要稳，不要碰到邻座，尽量不要将菜拨弄到桌上，或把汤碰洒。若要取餐桌上放在离自己较远处的调味品或菜肴，要请别人帮你传递。若遇本人不能吃或不喜欢吃的菜点，不可显出不悦的表情。

（10）进餐过程中如需咳嗽、打喷嚏，要拿餐巾遮掩。

（11）碰落、打碎了餐具，应请服务员来帮助收拾，不要自己动手。

（12）如将酒水溅在邻座身上，应表示歉意并协助擦拭；邻座如是女士，则不必动手，只需将餐巾递上，让她自己擦即可。

（13）进餐时禁止大声说话，这样会影响别人进餐，即使招呼服务员也不允许很大声。可以面向服务员稍微将手抬高一下，尽量不要引起其他人注意。

（14）请别人帮你传递东西时，一定要记得经常说“请”和“谢谢”。

（15）如果嘴里已有食物就不要再喝饮料或酒。

7. 交谈、敬酒

席间，应与同桌的人亲切交谈，特别是左右邻座，不可静坐不语或只与几位熟人交谈。若不认识，可自我介绍。席间交谈应注意以下几点：

（1）与人交谈时，不要先用手碰一下对方。

（2）最好不要隔着第三人交谈。

（3）同身旁人说话时，不要把背向着另一个人。

（4）吃东西时不要交谈，如有人跟你说话，应等嘴里的食物咽下后再开口。

（5）不要向旁边的女士不停地劝菜。

（6）不要对菜肴进行挑剔，也不要抱怨服务员的工作。

（7）若是家宴，可适当赞美主人的厨艺。

（8）因健康或习俗等原因不吃某道菜时，不要做太多解释，更不要谈自己的疾病。

（9）不要打断别人的谈话，也不要打听餐桌上别人谈话的内容。

（10）与人交谈时声音不要太高，或谈些怪诞离奇的话题而引人不悦。

总之，谈话要掌握时机，要视交谈对象而定，要考虑交谈的内容，讲究交谈的艺术，以增进友情、活跃气氛。

当主人依次向所有宾客敬酒或按桌敬酒后，客人也应向主人回敬或每桌派一位代表到主人餐桌回敬。宾客之间往往也互相敬酒。敬酒时要注意礼节礼貌，不可交叉碰杯。不能喝酒时可礼貌地声明，但不可把杯子倒置，应轻轻按着杯缘。宴会上相互敬酒，宾主都应量力而行、适可而止，切忌硬性劝酒、逼酒，以致饮酒过量而失言失态。

8. 礼貌离席

（1）起身轻稳。离开餐桌时，不应把座椅拉开就走，起身后应把座椅再挪回原处。男士应该帮助身边的女士移开座椅，然后再把座椅放回餐桌边。要注意，有些餐厅比较拥挤，椅背紧靠，贸然起身，或使手提包、衣服等掉地上，或是碰到人，打翻茶水、菜肴，都显得失礼又尴尬。所以，起身时动作要缓慢轻稳，不能猛起猛出，最好不发出声响。

（2）自左离开。同入座一样，坚持“左入左出”。

（3）站好再走。离座要自然稳当，起立站稳后再从容移步。

9. 告辞、致谢

参加宴请活动，告辞不宜过早，也不宜过迟。如果是主宾，应当先于其他宾客向主人告辞，否则会给其他宾客带来不便；但也不能太早，否则是对主人的不礼貌。如果是普通宾客，则应在宴会结束主宾告辞后，及时向主人告辞，不可因贪杯而拖延不散，也不可因余兴未尽而迟迟不起；但也不能先于主宾告辞，否则对主人和主宾都很不礼貌。无论是主宾还是普通宾客，一般不要中途退席。若确有急事，应向主人说明、致歉后轻轻离去，也可事前打招呼，到时悄悄离去。总之，中途退席要有礼貌，理由应尽量不使主人难堪和心中不悦。

告辞时，应礼貌地向主人握手道谢。通常是男主宾先向男主人告别，女主宾先与女主人告别，然后交叉，再与其他人告别。主宾告辞后，普通宾客再用同样的方法向主人和其他人握手告别。如果主人备有小礼品相赠，应欣然收下，并说些赞扬小礼品的话，但不必郑重表示谢意。有时，外国宾客会把宴会菜单作为纪念品带走，还请同席者在菜单上签名留念。除主人特别示意作为纪念品的东西外，各种招待品包括点心、糖果、酒水、饮料等都不能带走。

（三）赴宴后的礼仪要求

为了使礼节更周到，可在宴会后一两天内给主人打个致谢电话，或送去一封印有“致谢”字样的便函，除再次感谢主人的盛情款待外，还可重申友谊、加深印象。

三、座次礼仪

他山之石

武汉市与日本某市缔结友好城市，在某饭店举办大型中餐宴会，邀请本市最著名的演员助兴。这位演员到达后，花了好长时间才找到自己的位置。她入座后，发现同桌的客人都是接送领导和客人的司机，演员感到自尊心受到了伤害，没有同任何人打招呼就离开了饭店。当时宴会的组织者并没有察觉，直到宴会主持人邀请这位演员演唱时，才发现演员并不在场。幸好主持人临场反应及时，更换了其他节目，才没有出现严重“冷场”。

资料来源：於天．现代旅游服务礼仪实务．长沙：湖南师范大学出版社，2017.

小组讨论：

这种座次安排是否合理，为什么？

参加宴请，总免不了就座位礼让一番。座次的安排是一门精细微妙的学问，是餐饮礼仪的重要体现。可以说，座次安排不仅使参加宴会者入席时井然有序，更能体现出对客人的尊重。

正式宴会一般都事先安排座次，桌子上要摆桌次牌和姓名标志牌。非正式宴会虽然有时桌次和席位不预先排定，但就座也有主次之分。

（一）座位安排原则

（1）以远为上。

（2）面门为上。

（3）以右为上。

（4）居中为上。

（二）单桌宴席的席位安排

1. 主人席位的确定

第一主人（正主人）的席位一般面对宴会厅的入口处，面朝大门正中，以便环视整个宴席的进展情况。第二主人（副主人）位设于正主人位的对面，正、副主人位与桌中心呈一条直线相对。如果是两桌以上的宴会，其他各桌的第一主人，可以与主桌主人朝向相同，也可以面向主桌主人。

2. 宾客席位的安排

第一客人（主宾）位应设于主人位的右侧，第二客人（副主宾）位应设于副主人位的右侧，使主宾位与副主宾位呈相对式；第三客人位与第四客人位分别在主人位与副主人位的左侧，也呈相对式。

我国习惯男女分开坐，男主人右边坐男主宾，女主人右边坐主宾夫人，其他来宾按职务高低依次排列。

中餐宴会一般采用圆桌，中餐席位的安排如图 3－4 所示。

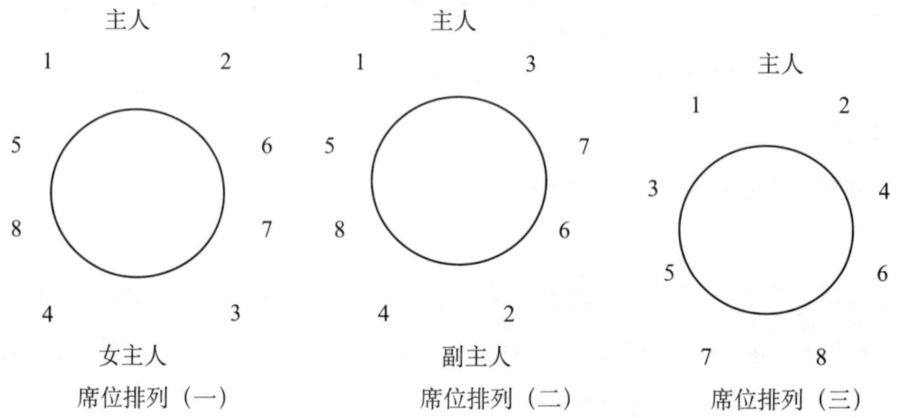

图 3－4　中餐席位的安排

西餐宴会一般采用长桌。正规的宴请是男主人（第一主人）坐主位，遵照以右为尊的原则，其右侧为第一贵宾夫人，女主人坐在男主人的对面，右侧为第一贵宾，其余客人男女穿插就座。如图 3－5 所示。

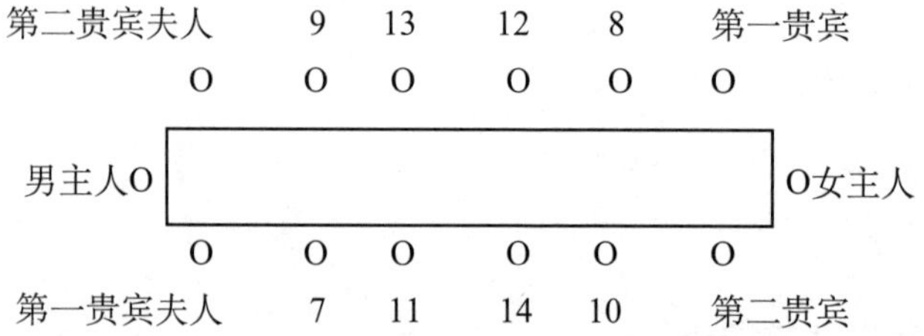

图 3－5　西餐席位的安排

排定座次后，应将桌次卡和席位卡放置在餐桌上。在国际交往中，安排席位遇到特殊情况也可以灵活处理，如主宾身份高于主人，为表示对宾客的尊敬，可把主宾安排在主人席位上，而主人则坐在主宾的席位上。

（三）多桌宴席的桌次安排

首先要确定主桌，然后再确定主位。主桌位置的确定十分重要，要视餐厅结构、门的朝向、主体墙面（或背景墙面）等因素而定。

一般情况下，主桌设在面对大门、背靠主体墙面（指装有壁画或加以特殊装饰布置、较为醒目的墙面）的位置，但不是所有的主体墙面都是面对大门的，有的餐厅大门开在侧边，这时，主桌要以主体墙面为背景，放在背靠主体墙面的位置。国际上的习惯是，桌次高低由离主桌位置远近而定。近者为高，远者为低；平行者以右桌为高，左桌为低。

一般情况下，主人席就是主桌中正对大门、背靠有特殊装饰的主体墙面的一个席位。但有些餐厅的门不是正开的，此时，主人席要以背靠主体墙面的位置为准。即使有的餐厅门是正开的，但特殊装饰的主体墙面不与正门相对，此时应根据实际情况以主体墙面为主要参照物确定主人席位。

正式宴会一般会安排席位。大中型宴会往往只安排主桌席位，其他宾客则按照桌次就座。大型宴会可事先将宾客席次打印在请帖上，使宾客心中有数，现场还可以安排礼宾员引领客人入座。

中餐桌次的安排中，常见的排列方式如图 3-6 所示。

①
②
二桌竖排

①
② ③
三桌花排

① ②
③ ④
四桌正排

② ③
①
④ ⑤
五桌花排

① ②
③ ④
⑤ ⑥
六桌竖排

② ③
④ ① ⑤
⑥ ⑦
七桌花排

② ① ③
⑤ ④ ⑥
⑨ ⑦ ⑧ ⑩
十桌正排

图 3-6 中餐桌次的排列方式

西餐桌次的安排中，常见的排列方式如图 3-7 所示。

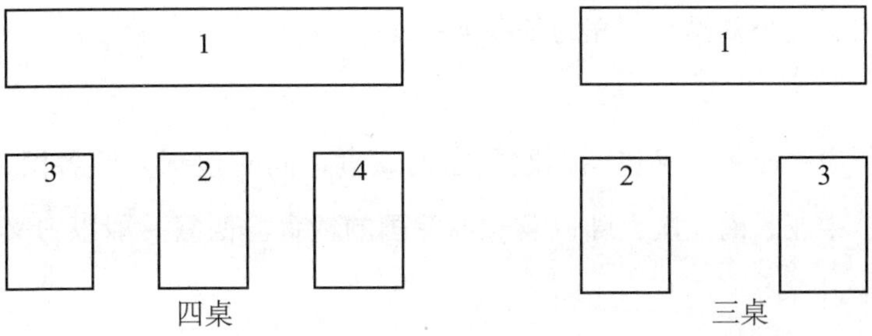

图 3-7 西餐桌次的排列方式

(四)安排座位的注意事项

礼宾次序是排座位的主要依据。在排座位之前，要把经落实出席的主、客双方出席人员名单分别按礼宾次序开列出来。除了礼宾次序之外，在具体安排座位时，还需要考虑其他一些因素。

多边活动需要注意客人之间的政治关系，政见分歧大、两国关系紧张者，尽量避免排到一起。身份大体相同、使用同一语言者，或属同一专业者，可以排在一起。

译员一般安排在主宾右侧，以便于翻译。以长桌做主宾席时，译员也可以考虑安排在对面，便于交谈。在许多国家，译员不上席，为便于交谈，译员坐在主宾背后工作，另行安排用餐。

习惯以左手用餐的客人，则尽量把他们安排在左边没人的座位上，这样席间才不会造成大家的不便，也避免发生碰倒饮料或老是撞到手肘的窘况。

如果是多桌中餐，则每桌都有一位主人或招待人负责照应，其两侧的座位是留给本桌上宾的。除非受到邀请，赴宴者不宜去坐。

宴会席位安排从来都没有一个统一不变的标准，因国家、地区、民族、宴请对象等不同而各有差异。在遵从礼宾次序的前提下，尽可能使相邻者便于交谈。

四、西餐礼仪

他山之石

小刘正在西餐厅用餐，手机响了，为了不打扰别人，他便出去接听。可是等他回到自己的座位一看，傻眼了，因为服务员不仅将他的餐具、餐巾收走了，连刚送来的他还没来得及享用的那份牛排也撤下了，还有那份汤，他也才刚刚喝了几口。

小组讨论：

服务员为何收走小刘没有用完的餐食呢？

我们通常所说的西餐不仅包括西欧国家的饮食，同时包括东欧各国，还包括美洲、大洋洲、中东、中亚、南亚次大陆以及非洲等国的饮食。西餐一般以刀叉为餐具，以面包为主食。

如今，吃西餐对我们来说已经不是什么新鲜事了，街上各式西式餐馆是我们经常光顾的地方，但有很多人对西餐的礼仪和习惯都不太懂，常常会闹笑话。著名学者钱歌川先生还举过一个这样的例子：在一次盛大的宴会上，一位客人用餐巾去揩拭刀叉，殊不知这种做法是极不礼貌的，仿佛是责备刀叉不干净。主人一见，立即命令侍者将全体客人的餐具一律重新换过，使那位客人窘迫难堪。

这虽然是个极端的例子，但也说明了不懂西餐礼仪的尴尬。

（一）西餐的上菜次序及配餐酒水

（1）开胃菜和开胃汤。即主菜以外的辅助小菜，大多用水果、蔬菜、熟肉制成。用途不在于使食欲得到满足，而是要引起食欲。因此，盘份很小，量也较少。在欧美地区，人们多习惯在进餐厅进餐之前，在大厅或酒吧、休息室等处，与餐前开胃酒（如鸡尾酒、香槟酒等）配套食用。

（2）海鲜。常见的有鱼、虾等。

（3）主菜。以肉为主，牛肉是西餐中最主要的肉类。

（4）蔬菜。常见的有花菜、炸土豆片、生菜色拉等。

席间佐餐酒主要喝红、白葡萄酒而不喝烈性酒。红葡萄酒喝常温的，白葡萄酒则是喝冰镇的。一般来说，吃肉喝红葡萄酒，吃海鲜喝白葡萄酒。

（5）甜食，如冰激凌。

（6）水果。

（7）咖啡或红茶。

用餐完毕往往还要喝餐后酒，如甜酒、白兰地酒，用以化解油腻。餐后酒应当一点一点品尝，不宜一饮而尽。一般喝餐后酒时不再碰杯。

酒随菜走是西式宴会的一条重要原则。每上一道菜之前先斟酒，一般把酒斟半满。

知识库

西餐餐具

① 餐匙（大调羹，Table Spoon）：鱼蟹羹、炖鱼等汤用匙

② 汤匙（Soup Spoon）：糖用匙

③ 肉汤匙（Bouillon Spoon）：法国肉汤用匙

④ 汤汁匙（Sauce Spoon）：舀取汤汁用匙，主要用于鱼类菜肴

⑤ 甜食匙（Dessert Spoon）：餐后甜食、冰制食品（蛋奶酥、西式甜饼、布丁等）用匙

⑥ 甜瓜匙（Melon Spoon）：日本独特的白兰瓜、西瓜等水果用匙

⑦ 长匙（Long Spoon）：加咖啡粉、苏打粉用匙

⑧ 茶匙（Tea Spoon）：咖啡、红茶等用匙

⑨ 小杯咖啡匙（Demitasse Spoon）：小杯咖啡、意大利咖啡用匙

⑩ 雪糕匙（Icecream Spoon）：奶油水果雪糕或果子露雪糕等用匙

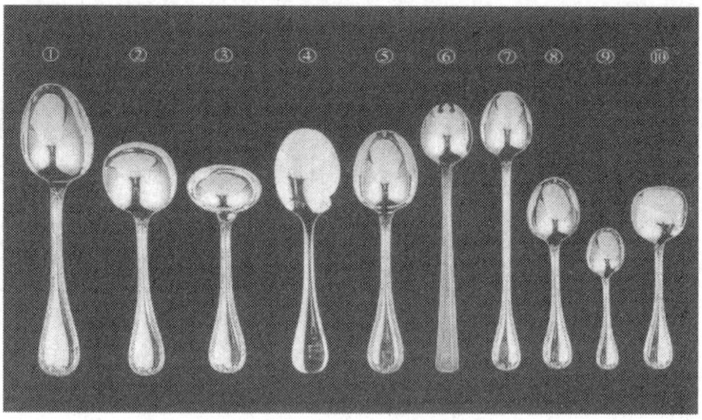

示例一

① 餐叉（Table Fork/Meat Fork）：肉类菜肴、蛋类菜肴用叉

② 餐刀（Table Knife/Meat Knife）：肉类菜肴、蛋类菜肴用刀

③ 鱼叉（Fish Fork）：鱼类菜肴用叉，整体厚实，适于调味汁少的烤鱼或炸鱼

④ 鱼刀（Fish Knife）：鱼类菜肴用刀，整体厚实，适于调味汁少的烤鱼或炸鱼

⑤ 鱼叉（Fish Fork）：通常使用的鱼类菜肴用叉，整体较薄

⑥ 鱼刀（Fish Knife）：通常使用的鱼类菜肴用刀，整体较薄

⑦ 甜食叉（Dessert Fork）：西餐小吃、甜食、芝士用叉

⑧ 水果刀（Fruit Knife）：水果用刀，有些餐厅作为牛油刀使用

⑨ 甜食刀（Dessert Knife）：西餐小吃、甜食、芝士用刀

⑩ 芝士刀（Cheese Knife）：芝士用刀

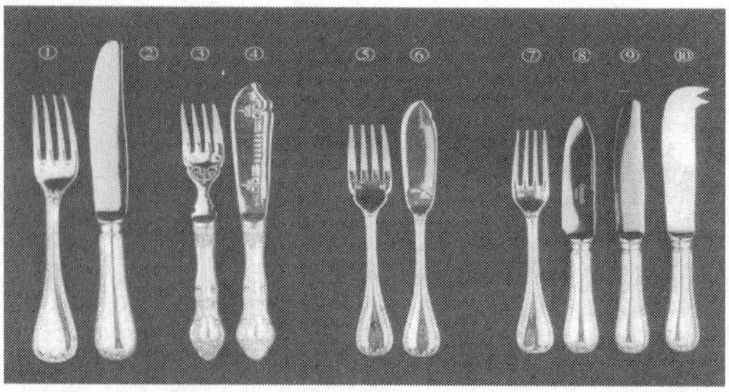

示例二

① 蛋糕托（Cake Server）：将蛋糕块移到宾客餐盘时使用

② 饼托（Pie Server）：将切好的饼等移到宾客餐盘时使用

③ 服务叉（Serving Fork）：侍应用叉，派菜时使用

④ 服务匙（Serving Spoon）：侍应用匙，派菜时使用

⑤ 鱼类服务叉（Fish Serving Fork）：鱼类菜肴侍应用叉，分派大鱼时使用

⑥ 鱼类服务刀（Fish Serving Knife）：鱼类菜肴侍应用刀，分派大鱼时使用

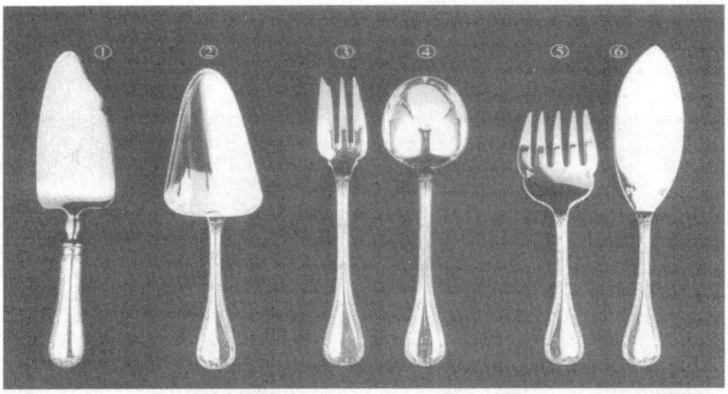

示例三

① 龙虾夹（Lobster Cracker）：龙虾用钳子，割开龙虾或大虾壳的用具

② 龙虾叉（Lobster Fork）：龙虾用叉，将虾肉从虾壳中取出的用具

③ 蜗牛夹（Snail Tongs）：蜗牛用钳子，取蜗牛肉或向蜗牛壳内放馅时使用以夹紧蜗牛壳的用具

④ 蜗牛叉（Snail Fork）：蜗牛用叉，与蜗牛夹配套使用

⑤ 生蚝叉（Oyster Fork）：生蚝用叉，除生蚝外，贝类、小虾、蟹类也可使用

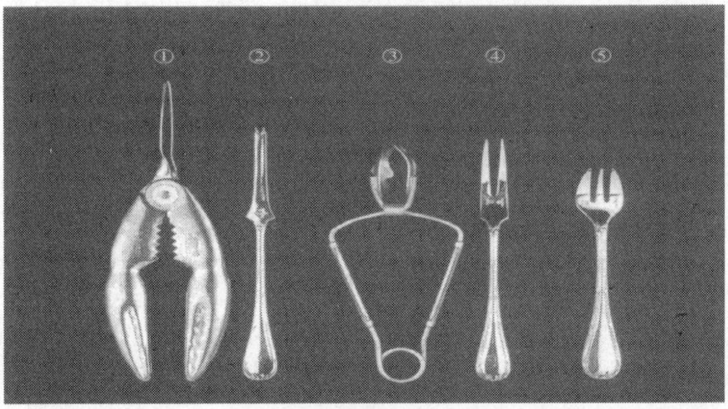

示例四

① 牛油罐或牛油冷却器（Butter Dish with Cover）

② 洗指钵（Finger Bowl）

③ 糖罐（Sugar Pot）

④ 面包篮（Bread Basket）

⑤ 水罐或水壶（Water Pitcher/Water Pot）

⑥ 奶罐或奶壶（Milk Pitcher/Milk Pot）

⑦ 面包屑扫除器或面包屑刮铲（Crumb Scraper）

⑧ 酱油、醋瓶（Oil and Vinegar Set）

示例五

（二）西餐的正确食法

1. 汤

除主食外，西餐的第一道菜往往是汤。在主人未拿起汤匙前，客人不得提前食用。喝汤时，要从匙的旁边喝，不要从顶端喝。快喝完时，可用左手托起汤盘向外倾斜，以便舀剩下来的汤。除了用双耳杯盛的汤可端着喝外，其余均不可端着喝。注意喝汤时要用匙一勺一勺舀起来喝，不能用嘴直接到碗里或盘里喝汤。如果上的汤附有薄脆饼干，那是给你边喝汤边吃的。正式宴会上，不要把饼干泡在汤里，也不要拿饼干蘸汤吃。

2. 面包

面包一般先摆上餐桌，但要等喝完开胃汤后才开始食用。面包餐可持续到上甜品之前，甜品上桌，面包便要撤掉。食用面包应用手掰成小块送入口中，掰一块吃一块，不要拿着整个面包去咬。抹黄油和果酱时也要先将面包掰成小块再抹。不要用面包蘸汤吃，也不要用面包抹盘子。

3. 鱼、虾等海鲜

食用全鱼时，应用刀将头尾切下，堆在盘边，然后用刀轻轻切割上层鱼肉，用叉叉吃。吃完上层鱼肉后不可将鱼翻身，而要用刀叉剔除其主刺后再食用下层。食用半只海虾或贝类海鲜，可用叉将其肉叉出来再食用。食用整只龙虾，可用手剥去虾壳，然后在飘有花瓣或柠檬片的净手钵中洗手指。

4. 牛排

西餐牛排有三分熟、五分熟、七分熟和全熟之分。一般要全熟的，否则牛排端上来后，你不敢吃或让人端下去重烤是失礼的。

5. 鸡肉、鸽肉

整鸡整鸽端上来时，应用刀从其胸脯处一剖为二，然后再食用，不可将其翻身。

6. 水果

水果的品种多，吃法也不尽相同。吃苹果、梨等，应先用刀切成数块，然后用刀去除皮核。削皮除核时，刀口应向内，由外往里削。削好皮后，可用手拿着吃，也可用叉叉起来吃。吃香蕉，应先用刀将皮从中部划开，用刀叉将皮向两边剥开，再将其切成小块，用叉叉食。吃葡萄、樱桃，要一粒粒拈取，不要整串拿在手中吃。

7. 煮鸡蛋

西餐中的鸡蛋一般是半熟的，蛋黄是流质的。吃的时候，要把鸡蛋放在一种供吃煮鸡蛋用的小杯子中，一只手固定住杯子，另一只手拿叉刀敲裂蛋壳，把上半部的蛋壳剥下来放在盘子上，然后用小匙舀鸡蛋吃。吃之前可以放一点食盐。

8. 布丁

一般用叉、勺分解成适于入口的小块食用。

9. 咖啡

饮用咖啡可以加牛奶和方糖，加方糖应该用方糖夹。咖啡匙是专门用来搅拌咖啡的，饮用时应当把它取出来放在咖啡的托盘上，用咖啡匙一匙一匙舀着喝是不合规矩的。也不可大口猛喝咖啡，应将杯子端起来慢慢喝。如果是紧靠桌子坐着喝，不要拿托盘；如果离桌较远或者是站着喝，左手一定要托着托盘。

五、酒水礼仪

他山之石

人力资源部经理小叶与公司李经理一起宴请某大学王教授，感谢王教授为公司员工做的培训。宴请中，小叶站在李经理和王教授的对面，拿起酒瓶为他们倒酒。她先拿起李经理的酒杯说："经理，我先给您倒一杯，感谢……"话还没有说完，就被李经理制止了。

小组讨论：

为什么李经理没有让小叶把话说完？

俗话说，酒有酒礼，茶有茶道。中国人之所以把喝酒、饮茶看成艺术，就在于其礼节、环境等各处无不讲究协调。

（一）用餐饮酒的礼仪

中国酒文化历经数千载而不衰。不论是喜庆筵席、亲朋往来，还是逢年过节、日常家宴，人们都要举杯畅饮，以增添一些喜庆气氛。酒能在许多场合使朋友间更融洽、陌生人之间不拘束。

中国风

酒中味

古代文人喝酒讲究雅。王羲之在《兰亭集序》中提到"流觞曲水"，即人们在环曲的水流旁边宴饮，上游放置酒杯，酒杯顺流而下，停在谁的面前，谁就取饮。

酒可以小饮，可以豪饮，可以畅饮，但不可滥饮。很久以前，饮酒就已经有了礼节，就有了规矩。比如饮酒要行酒令，有着"酒令大如军令"的说法。酒令源于西周的酒官制度，最初的作用是为了限制饮酒、监督饮酒者不要失礼。《诗经》中有《宾之初筵》一章，描写了酒后失仪的种种醉态，在最后写了这样一句话："凡此饮酒，或醉或否。既立之监，或佐之史。"但凡饮酒，要在现场设立监酒官，有的还设有史官。这个"监"和"史"都是为了对饮酒进行监督，防止滥饮和失仪。

对花赏月，饮酒作诗，于文人而言，酒大概是一个永恒的话题。酒文化在历史的长河中显现出独特的韵味。

1. 上酒的礼节

人们对酒水通常有自己的偏好，所以一个用心的主人会同时准备红酒和白酒。宴会前请先把白酒摆在冰箱里至少两个小时，或放入装着冰块和冰水的冰酒器 20 分钟。记住，白酒品质愈好，降温所需时间愈短。待客的红酒温度应相当于室温。如果红酒太冰，可建议客人用手暖酒。

2. 斟酒的礼仪

（1）斟酒的顺序。

第一次斟酒时，主人可以亲自为所有的客人倒酒，依顺时针方向进行，从坐在左侧的客人开始，最后才轮到主人自己。客人喝完一杯后，可以由副主人帮忙为他附近的人添酒。如果同时准备了红酒和白酒，应把两种酒分放在桌子两端。绝对不要让客人用同一个杯子喝两种酒，这是基本的礼貌。倒酒时，请在瓶颈处垫上一条毛巾防滑，瓶口尽量朝上，免得酒洒出来。在招待客人的家宴上斟酒时，一般应先给长辈、远道而来的客人或职务、职衔较高者斟酒。按国际惯例，服务人员斟酒时应从男主人右侧的女宾或男主宾开始，接着是男主人，由此自右向左按顺时针方向进行。如果宴会规格较高，须由两人承担服务工作，其中一人按上述顺序开始，至女主人或第二主人右侧的宾客为止；另一服务人员从女主人或第二主人开始，依次向右，至前一服务人员开始的邻座为止。在国际礼仪中，客人绝不会亲自倒酒，应由主人和侍者来负责斟酒。

（2）接受斟酒的礼仪。

宴席上斟酒时，接受斟酒者一般应起身或俯身，以手扶杯或做欲扶杯状，以示感谢或恭敬。接受斟酒时，酒杯置于桌上原处即可，只要对斟酒者微笑致意，便符合礼仪了。对于拒绝斟酒的人，斟酒者（尤其是斟酒的主人）应该持理解和宽容的态度，不应该强人所难。

（3）拒绝饮酒的礼仪。

在宴席上，确实不会喝酒或由于种种原因不打算喝酒的人，通常可以采取以下办法：

1）主动地要一些非酒类饮料，如汽水、果汁、矿泉水或白开水等，并说明不饮酒的原因。

2）让斟酒者在自己杯子里斟上一点，但尽可能不喝。

3）当斟酒者向自己杯子里斟酒时，用手轻轻敲击酒杯的边缘，意思是：我不喝酒，谢谢。

4）当斟酒工作是由服务人员来承担时，可轻声告诉他/她："我已经够了""不用了，谢谢。"不用动手把杯子挪开，或捂住杯口。

3. 敬酒的礼仪

在正式宴席上，一般先由主人向客人敬酒，会饮酒的客人则回敬一杯。如果宴席规模较大，主人应依次到各桌敬酒，而各桌可由一位代表到主人所在的餐桌上回敬。向外宾敬酒时，应按礼宾顺序由主人首先向主宾敬酒。在国外正式宴席上，通常由男主人首先举杯敬酒，并请客人们共同举杯。一般情形下，客人、长辈、女士不宜首先向主人、晚辈、男士敬酒。

敬酒时，上身挺直，双腿站稳，态度要热情、大方，应微笑目视对方，而且整个敬酒过程中都不应将目光移开。需干杯时，应按礼宾顺序由主人与主宾先干杯。劝酒要适可而止，在国际交际场合不宜劝酒。

并非所有宴会都有祝酒程序。需要祝酒时，应了解宴请性质，为何人、何事祝酒，以及对方的饮酒习惯，使祝酒的只言片语不失高雅并有针对性。婚礼上的祝酒词应该侧重于情感方面，向退休员工表达敬意的祝酒词则应当侧重于怀旧，诸如此类。在宴会上，致祝酒词通常是男主人或女主人的优先权。如果无人祝酒，客人则可以提议向主人祝酒。祝酒者并不需要把酒杯里的酒喝干，每次喝一小口足矣。

4. 饮酒的礼仪

喝酒也能反映出一个人的格调、品位和文明程度。有些人喝酒时，举起酒杯便一饮而尽，甚至任凭酒水顺着嘴角往下流，显得极其狼狈、粗俗不堪。而真正会喝酒的人则截然不同。

（1）适量饮酒。

了解自己的酒量是一件很有必要的事，否则很可能在不知不觉间做出失态的事。食物是最好的酒底子，所以赴宴之前，最好先吃点点心，免得空肚子灌酒，容易酒醉失态。知道自己的酒量后，喝酒时最好打个八折，不要自信心过强，非要喝个十足才罢手，到那时候恐怕想罢手也不能了。此外，还应该明白：自己喝哪些酒更容易醉；两种以上的酒在一席之间喝下肚，自己的胃会如何反应。

（2）随和宽容。

随和是饮酒时最重要的礼貌。如果主人有各种牌子的酒，你可以选自己喜欢的酒喝。有些人非某一种酒不喝，身为客人向主人要求喝某种牌子的酒，也许他自以为如此才表示内行，其实是不懂礼貌。因为请你喝酒的人并不是卖酒的，如果你要的酒正好没有，岂不令人困窘？

（3）喝酒的速度。

喝酒的速度尽可能地不要超过宴会的主人。仰起脖子，一口气把一杯酒倒进喉管去是很难看的姿态。鸡尾酒也不适合干杯，慢慢喝总比快喝要安全，尤其是加了冰块的酒，喝得愈慢酒愈淡，慢喝也是很聪明的防醉办法。

中国风

又诫子书

诸葛亮

夫酒之设，合理致情，适体归性，礼终而退，此和之至也。主意未殚，宾有余倦，可以至醉，无致迷乱。

【释义】

设酒宴客，是为了合乎礼节、表达感情，从而使身心舒适。而礼节尽到，客人退席，这便是最大的和谐与快乐了。倘若主人的情意未尽，客人也还没有到疲倦的程度，可以继续饮至酒醉，但不能醉到神志不清的地步。

（二）以茶待客的礼仪

我国历来就有“客来敬茶”的民俗。早在 3 000 多年前的周朝，茶已被奉为礼品与贡品。到两晋、南北朝时，客来敬茶已经成为社交礼仪。颜真卿《春夜啜茶联句》中有“泛花邀坐客，代饮引清言”。唐代刘贞亮赞美“茶有十德”，认为饮茶除了能健身，还能“以茶表敬意”“以茶可雅心”“以茶可行道”。当今社会，客来敬茶更成为人们日常社交和家庭生活中常见的礼仪。

“茶礼”微课视频

1. 选茶的礼仪

茶一般可以分为五大类，即红茶、绿茶、乌龙茶、花茶、紧压花茶。各类茶都具有与众不同的特色，而不同的人往往对茶又有着各不相同的爱好。以茶待客，当然应该投客人所好。所以沏茶之前，最好先征求客人的意见，根据客人的爱好或要求来选茶。

2. 装茶的礼仪

这里所谓的装茶，指的是向客人的杯（碗）中放入茶叶。装茶礼仪主要涉及两个问题：一是茶具必须完好、清洁。一套完整的茶具，一般包括茶杯（碗）、茶托和茶盘等物。当然，由于具体条件的限制，有些时候没有茶托或茶盘。完好指的是每一样茶具都不能有破损，清洁指的是每一样茶具都要洗净，茶杯或茶碗中的茶垢一定要擦掉洗净。二是装茶之前要先洗手。因为装茶是需要用手来操作的，将手洗干净，不仅是卫生的需要，更是对客人的尊重。装茶时应用茶匙，即便洗过手了也不应该用手去抓茶叶。

3. 上茶的礼仪

上茶时可由主人向客人献茶，也可由工作人员或服务人员直接向客人献茶。主人向客人献茶时，应起身，用双手将茶杯（碗）递给客人，同时道一声“请”。客人亦应起身，用双手接过茶杯（碗），同时道一声“谢谢”。工作人员或服务人员上茶时，一定要注意上茶的先后顺序。在客人与主人之间，要先给客人上茶；在客人与客人之间，要先给主宾上茶。有两位以上的客人时，用茶盘端出的茶，茶色要均匀，并要用左手托着茶盘底部，右手扶着茶盘的边缘。如有茶点心，应放在客人的右前方，茶杯应摆在点心右边。上茶时应以右手端茶，从客人的右方奉上，并面带微笑，眼睛注视着客人。

4. 斟茶的礼仪

这里所说的斟茶，指的是往茶杯（碗）中加入沸水。它可以是开始沏茶时加入沸水，也可以是初次沏茶之后间隔一段时间再往茶杯（碗）中添上或续上沸水。无论是哪种情况，都一定不能将水斟满。因为中国人待客的礼节是“浅茶满酒”“酒满茶半”。奉茶时应注意，茶不要太满，以八分满为宜。如果斟满杯（碗），则有厌客或逐客之嫌。事实上，真正欢迎客人的主人是很注意勤斟茶的，一般是客人喝了几口马上就给斟上，绝不会等到客人杯（碗）中的茶叶“见天”。在斟茶过程中，客人应该有所示意，或起身，或欠身，或用弯曲的食指或者中指轻轻敲打桌面三下，以表感谢。斟茶时客人视若无睹或无动于衷，是不合礼仪的。

5. 劝茶的礼仪

以茶待客时，通常是一边饮茶一边叙谈。其间，主人可以而且也应当适时地向客人劝茶。劝茶时态度要热情，但要注意免生误解。中国过去曾有以再三请茶暗示客人应该告辞的做法。因此以茶招待老年人或海外华人时，不要一而再再而三地劝对方饮茶。

6. 饮茶的礼仪

俗话说，“吃有吃相，睡有睡相”，饮茶也是一样。无论是客人还是主人，饮茶时都应慢慢地、小口地细心品尝，切忌大口大口地吞咽茶水，或者喝得咕噜咕噜直响。《红楼梦》里的妙玉说：“一杯为品，二杯即是解渴的蠢物，三杯便是饮牛饮骡了”。明人许次纾说：“一壶之茶只堪再巡，初巡鲜美，再则甘醇，三巡意欲尽矣。”

此外，饮茶时如遇茶水面上有漂浮的茶叶，可用茶杯（碗）盖将其轻轻拂去，或用嘴将其轻轻吹开，切不可用手将其捞出，又随手扔在地上。

中国优秀传统文化传承

茶文化

茶文化是指在饮茶活动过程中（如沏茶、赏茶、闻茶、品茶等）形成的文化特征。

明代冯可宾提出品茶“十三宜”：

“一无事”，就是没有俗事缠身。古人说：“春有百花秋有月，夏有凉风冬有雪。若无闲事挂心头，便是人间好时节。”其实一年四季都有其独特美，不同的是人们未必常有雅兴，原因是俗务缠身，根本没有品茶的时间，何况是品茶的心情呢？身为凡夫俗子，只可待到无事之时，悠然自得地品味一番茶的韵味。

“二佳客”，就是要有情趣高雅、懂得欣赏茶之“三昧”的茶客。品茶是一种艺术，需要有知音，否则就如同对牛弹琴，虽有“高山流水”之雅意，而无伯牙子期之相知。

“三幽坐”，就是要有幽雅的品饮环境。处于芝兰之室，人们往往向恬淡雅静处想，心由境造，境由人造，选择一个幽静的环境对于品茶来说是必不可少的。

“四吟诗”，就是以诗助茶兴，以茶启诗兴。古人说：“诗者，志之所之也。在心为志，发言为诗，情动于中而形于言。”

“五挥翰”，就是挥毫泼墨，将千思万绪付诸书画。有时候，诗歌仍不能尽兴，就需要以另一种艺术形式表达出来。

“六徜徉”，就是跟着感觉走，闲庭信步。

“七睡起”，就是酣睡初醒，饮一杯微苦回甘的香茶，顿觉神清气爽、心旷神怡。

“八宿醒”，就是酒醉未醒，喝茶解酒。酒性发散、浓烈，而茶性收敛、淡泊，因此破酒者必茶也。

“九清供”，就是以清鲜果品来佐茶。酒属荤，佐酒者必是肉类，大块吃肉、大碗喝酒是壮士的豪迈。茶属素，佐茶者必是素食，黄卷青灯、苦茶素斋是僧道隐士的淡泊。

“十精舍”，就是雅静的茶室，不一定要高档华丽，氛围应以淡雅、宁静为主，唯有如此才能体现茶的韵味。

“十一会心”，茶中三昧是非要人们用全部心神去品味才能得到的。一人独坐，独与天地神交，妙不可言；二人对饮，于我心有戚戚焉而不必说破。

“十二赏鉴”，仔细品味，慢慢把玩，茶之“色”“香”“韵”沁人心脾，妙不可言。

“十三文僮”，就是文静伶俐的茶僮。

（三）品饮咖啡的礼仪

1. 上咖啡的方式

晚宴咖啡应该用小咖啡杯装，底下垫咖啡碟，并附一个小咖啡匙。主人应事先通知服务员在用餐处或另一个房间上咖啡。

若在用餐处喝咖啡，主人或服务员应倒好咖啡再把咖啡杯连同碟子放在客人席位桌面的右侧，小匙摆在碟上右端。倒咖啡或送咖啡应像倒酒和其他饮料一样，站在客人右手边进行，然后从客人左手边端上装奶精和糖的托盘。也可以把盛有咖啡杯、咖啡碟、一组咖啡匙、咖啡壶、糖和奶精罐的托盘摆在主人面前，由主人为客人服务。

若在另一房间喝咖啡，一种做法是服务员把咖啡倒好放在一个大托盘里，让客人自己加奶精或糖；另一种做法是把盛有咖啡壶、杯子、碟、咖啡匙、糖和奶精罐的托盘放在沙发前的咖啡桌上，主人坐在沙发上为客人服务。客人来拿咖啡时，主人应该问他加多少糖或奶精，然后依正确方式把咖啡杯递给客人。

2. 杯碟的使用有讲究

盛放咖啡的杯碟一般都是特制的，这种杯子的杯耳较小，手指无法穿过去。但即使用杯耳较大的杯子，也不要将手指穿过杯耳端杯子。咖啡杯应放在自己的面前或右侧，杯耳指向右方。

喝咖啡时，应用右手拇指和食指捏住杯耳将杯子端起，左手轻轻托着咖啡碟，慢慢地移向嘴边轻啜，不可发出响声。不要满把握杯、大口吞咽，或俯首去吸咖啡。添加咖啡时，不要把咖啡杯从咖啡碟中拿起来。

3. 咖啡匙的使用

咖啡匙是专门用来搅拌咖啡的，搅过咖啡的咖啡匙上面都会沾有咖啡，绝不能拿起咖啡匙甩动，或用舌头舔咖啡匙。不要用咖啡匙舀着咖啡一匙一匙地喝，也不要用咖啡匙来捣碎咖啡杯中的方糖。标准的搅拌手法是将咖啡匙立于咖啡杯中央，先顺时针由内向外划圈，到杯壁再由外向内逆时针划圈至中央，然后重复同样的手法。这种方法可令咖啡浓淡均匀。

4. 闻香品咖啡

一般来说，趁热品尝主人为你端上来的咖啡，是喝咖啡的基本礼节。但应注意，喝咖啡不能像喝白开水一样，一口气把一杯都喝完，而且喝咖啡也不像喝茶或果汁，可以连续喝几杯，那样是失礼的。一杯咖啡端到面前，先不要急于喝，应该像品茶或品酒那样，先体会一下那扑鼻而来的浓香，然后吹开咖啡油轻啜一小口，这便是咖啡的原味，之后再随个人喜好加入糖、奶。给咖啡加糖时，有两种情况：一种是加砂糖，可用咖啡匙舀取，直接加入杯内；另一种是加方糖，可先用糖夹子把方糖夹在咖啡碟的近身一侧，再用咖啡匙把方糖加在杯子里。

喝咖啡时，有时可以吃一些点心，但不要一手端着咖啡杯，一手拿着点心，吃一口喝一口地交替进行。喝咖啡时应当放下点心，吃点心时则应放下咖啡杯，否则易给人一种贪婪的印象，而且吃相也不文雅。

另外，与他人一起喝咖啡时，不要为他人加糖，不知道他人的口味而随便为其加糖是不礼貌的。

课后任务

一、单项选择题

1. 称呼的原则中，不包括（　　）。

A. 称呼要看对象　　B. 称呼要看场合

C. 称呼要看心情　　D. 要与称呼人身份、地位相称

2. 一般情况下，自我介绍按照内容划分，可以分为应酬式、问答式、交流式和（　　）。

A. 工作式　　B. 应聘式　　C. 社交式　　D. 随机式

3.（　　）是指两个或两个以上的人所进行的对话。它是人们彼此之间交流思想情感、传递信息、进行交际、开展工作、建立友谊、增进了解的最为重要的一种形式。

A. 交谈　　B. 访谈　　C. 座谈　　D. 访问

4.（　　）是指双方或多方就某些重大的政治、军事、经济、文化问题以及其他共

同关心的问题交换意见，也可以是指洽谈公务，或就具体业务进行谈判。

A. 会见　　B. 会谈　　C. 访谈　　D. 座谈

5. 斟酒时应按照（　）顺序进行。

A. 顺时针　　B. 逆时针

C. 先晚辈后长辈　　D. 先职位低者后职位高者

二、判断题

1. 一般情形下，客人、长辈、女士不宜首先向主人、晚辈、男士敬酒。（　）

2. 在握手时，只有年幼者先伸出手，年长者才可以伸手相握。（　）

3. 一般来说，男士先向女士致意，年轻者先向年长者致意，职位低者先向职位高者致意，以表示对他们的尊敬，而后者要马上回应。（　）

4. 介绍上级与下级认识时，先介绍上级，后介绍下级。（　）

5. 出入无人控制的电梯时，引导者须先入后出，以操纵电梯；出入有人控制的电梯时，引导者应后入后出，这样做主要是为了表示对客人的礼貌。（　）

三、简答题

1. 在接待室接待来宾时，需要注意哪些事项？

2. 在准备签字仪式时，需要在哪些方面进行准备？

3. 在饮酒时，应该遵循哪些礼仪要求？

第四章

涉外礼仪

知识目标

- 了解涉外礼仪的原则
- 掌握中西方礼仪差异
- 掌握国际交往礼节

技能目标

- 熟悉各主要国家的礼俗和禁忌

案例导读

2012 年 6 月 18 日，G20 峰会在墨西哥洛斯卡沃斯开幕。在领导人合影中，主办方用国旗贴纸来标示各国领导人的位置。合影完毕，各国领导人散去，国旗贴纸被踩来踩去。而中国国家主席胡锦涛则弯腰把中国国旗贴纸捡起，细心地收了起来。

启示：

涉外礼仪是指国家或个人在对外交往和涉外工作中，在维护国家及个人形象的前提下，所执行的向交往国或个人表示尊重、友好与礼貌的礼仪规范。胡锦涛主席用行动践行的其大国元首的礼仪修养，在国际交往的史册上留下了令人难忘的瞬间。

第一节 涉外礼仪概述

他山之石

经过长达一年时间的谈判，国内一家企业终于与日本一家公司签订了双边合作的草案，但是在正式签订合作协议的当天，中方代表比约定时间晚了一刻钟到达签字会场。当中方代表满头大汗，跑步进入签字会场时，日方代表已经整整齐齐一字排开，他们向中方人员深鞠了一躬，未接受中方任何解释就集体退出了签字会场。

小组讨论：

在涉外交往中应注意哪些礼仪？

涉外礼仪是在长期的国际交往中逐步形成的，属于国际通行的一种专用性礼仪规范。涉外礼仪按主体不同，可分为外交礼仪（即国与国之间）和个人涉外礼仪两部分。相比较而言，前者的礼仪规范要求更严、更细，在礼节、礼貌各方面要求也更高。

一、涉外礼仪的特点

无论是在官方还是民间的友好往来中，涉外礼仪都具有相当重要的作用。官方的礼宾工作主要是根据本国的对外方针政策，组织安排对外礼仪活动与交际活动。尽管活动形式各有差异，但归根结底礼宾工作是为本国的对外政策服务的。许多国家在应用外交礼仪时，往往结合本国的实际情况，不少国家则保持着传统形式与礼节，使其更富有民族特色。因此，外交礼仪也在一定程度上反映了一个国家的文明、文化和社会风尚。另外，随着国际交往的日益发展，各国礼仪形式与交际礼节都在程度不同地变革着，其趋势是逐步简化，更加灵活，更注重实效。

从总体上讲，涉外礼仪具有以下几个特征：

（一）规范性

涉及礼仪的规范性是各类礼仪中最强的。因其事关一个国家给予其他国家来宾的礼遇，故各国政府大都对此有明文规定，以免无“礼”可依，失礼于外国来宾。

（二）严肃性

严肃性是指涉外礼仪往往在形式上显得庄严与崇高，借以维护国家的尊严，并且使人对国家产生敬畏之心。就涉外礼仪而言，轻松、活泼往往与其整体风格是格格不入的。

（三）礼宾性

礼宾性意味着涉外礼仪所关注的重点，主要是在各国政府之间的官方交往中的外宾接待方面，即如何以礼待客、给予来宾适当的礼遇。

（四）对等性

交往国之间所给予的外交礼遇是对等的。当一方对对方国家的来宾采取某种标准的礼仪形式时，一般对方国也会给来宾以相应的外交礼遇。如目前外来接待中的接待人员级别对等原则。

周恩来总理在谈到涉外工作时，曾谆谆教导我国的外事干部：“外事无小事，事事是大事，事事要重视。”确实，在涉外礼仪方面，任何一个细节的疏忽都有可能酿成大错。

二、涉外礼仪的原则

（一）不卑不亢

涉外礼仪的第一条基本原则是不卑不亢。涉外礼仪在一定程度上体现着一个国家对待其他国家的基本态度。在国际政治交往中，任何国家之间的关系都应当是平等的和相互尊重的。在外交礼仪上，既不能唯我独尊，盛气凌人，以强欺弱；也不应卑躬屈膝，妄自菲薄，丧失民族气节，这就是不卑不亢原则。

在应用涉外礼仪时，倘若置这项原则于不顾，就必然会给国家和政府的形象带来损害。一味地“亢”并不一定总会使自己扬眉吐气，反而会给人以虚张声势之感，甚至会伤害交往对象的自尊心。一味地“卑”也并不一定真能委曲求全，讨好交往对象，却反而有可能使对方得寸进尺，同时也会严重危害自己国家的利益。唯有不卑不亢，才是自尊自爱、平等待人的正确做法。

（二）尊重为本

在涉外交往中，应本着互相尊重的原则。相互尊重包括尊重对方和捍卫自尊两个方面。尊重对方就是不论对方的国家、民族大小，企业实力强弱，或者风俗习惯、宗教、法律等是否和我们相同，都不能歧视对方，做到在人格上平等相待；但同时更要明白尊重别人的前提是要学会自尊，要敢于和善于对自己进行正面的评价和肯定，在言行举止方面做到从容得体。自尊主要体现为塑造形象。在涉外交往中，人们普遍对交往对象的个人形象倍加关注，并且都十分重视遵照规范的、得体的方式塑造、维护自己的个人形象，因为个人形象体现着个人的教养和品位以及对交往对象的重视程度，同时，还往往代表着其所属国家、所属民族的形象。所以维护形象其实就是对交往对象尊重的一种表现形式。

（三）信时守约

在国际交往中，信时守约是取信于人的一项基本要求，也是自我良好表现的一大目标，还是奠定交往对象之间良好关系的基石。要信时守约就应注意以下五个方面：

（1）在商定到访的具体时间时，客人对主人提出的具体时间应予以优先考虑。当客人提出方案时，最好多提供几种方案供主人选择。

（2）与他人交往的时间一旦确定，即约会一经订立，就不宜随便加以变动或取消。

（3）约会时，准点到场最得体。早到与晚到，都是不妥当的做法。

（4）在约会之中，不应早退或做其他无关的事情。

（5）万一临时有重要的事情不能赴约，务必要向约会对象及早通报，解释缘由，并为此向对方致歉。

（四）求同存异

世界各国的社会制度、文化背景各不相同，礼仪习俗存在着一定程度的差异，在对外交往时，应理解对方、尊重对方。特别是对于那些并无恶意，但观点、立场、态度与自己不同的人，要做到和平共处、求同存异，做到“不伤主人之雅，不损客人之尊”，有宽广的胸怀和外交家的风度。既要遵守国际通行的礼仪惯例（即各国礼仪的“共性”），也要尊重交往对象所在国的特殊礼仪与习俗（即各国礼仪的“个性”）。尤其要尊重宗教礼仪。在外事活动中经常接触到外国宗教信仰者所遵守的宗教礼仪，对他们所举行的宗教活动和仪式，以及特殊的讲究和禁忌，都要给予尊重和正确对待。对外国人的宗教礼仪，不要不懂装懂，也不要随意模仿，更不能干涉。到访外宾参加宗教活动，要以不违反有关法律、不妨碍公务活动、不影响人民群众生活、不危及社会稳定和国家尊严为限。

（五）入乡随俗

各国、各地区、各民族都有自己不同于他人的特别的礼仪，这些礼仪来自文化传承、宗教信仰、生活习惯。国际上通行的做法是，到了哪个国家、地区，就要遵守当地的习俗礼仪，这就是“入乡随俗”。

我们要想“入乡随俗”，就应该做到“入乡问俗”，即了解对方的宗教信仰和风俗习惯，特别是一些禁忌。例如，去信仰伊斯兰教的国家或接待信仰伊斯兰教的客人，我们仅了解他们忌食猪肉是不够的，像不食无鳞鱼、不用左手递接东西等禁忌也不能忽略。

入乡随俗是为了尊重主人，搞好双方的关系，绝对不要对不同于我们的习俗禁忌加以非议、嘲笑，而应该无条件地遵守。在国际交往中，不论是以个人的身份交往还是代表组织、国家交往，宽容、平等的心态都非常重要。

（六）遵守纪律

遵守纪律就是要在涉外接待工作中坚持维护国家主权和民族尊严，自觉遵守外事纪律，不得失密泄密；不利用工作之便营私牟利、索要礼品；不背着组织与外国机构及个人私下交往；不私自主张或答应外国客人提出的不合理要求；参加外事活动，要严格按规章制度办事。

第二节 中西方礼仪差异

他山之石

小平是高职学校外语专业的优秀毕业生，他去一家美国公司的北京分公司应聘。由于英语口语能力非常突出，在最初的几个环节，他过关斩将，很快就胜过了其他几名竞争对手。可是，出乎意料的是，在公司经理对小平进行面试的时候，他竟然因为一句自己平日时常挂在嘴边的自谦词痛失良机，遭到淘汰。

当时，那家北京分公司的经理问小平："你的对外交际能力怎么样?"小平谦虚地回答道："不怎么样，很一般。"对方接着又问："如果我们录用了你，你认为自己可以胜任这份工作吗?"小平的回答是："我觉得还行，能凑合吧。"

小组讨论：

小平未被录用的原因是什么？

一、中西方文化的差异

礼仪受国别、地域、宗教信仰、文化背景、民族特征、社会风俗和政治制度等因素的影响，不同国家、不同地区的礼仪会有所差别，形成不同的礼仪文化，因此，在国际交往中，要了解、尊重有关国家的文化，做到因人施礼。

（一）中国文化的特点

中国文化具有悠久的历史和无穷的魅力。与西方文化相比，它有自身的特点。

1. 重视血缘和亲情关系

中国自古以来就信奉"血浓于水"的传统观念，在人际关系中最稳定的因素是血缘关系。当多种利益发生矛盾和冲突时，多数人都会选择维护有血缘关系的家族利益。

2. 崇尚谦虚、含蓄的美德

与西方人相比，中国人通常显得谦虚和含蓄，比如送礼，西方人总是向受礼的人说明“这是我精心为你挑选的礼物，希望你喜欢”；受礼方总是当着送礼者的面将礼物打开，以示谢意和礼貌。中国人在送礼时尽管也费尽心思、精心挑选，但在受礼者面前却总是谦虚地说“微薄之礼不成敬意，请笑纳”之类的话；中国人在受礼时，也往往只说“谢谢”，而不马上打开礼物。

3. 讲究礼尚往来

礼是人际交往的媒介和桥梁。这里讲的礼主要是指礼物。中国人送礼的名目较多，除了重要的节日相互拜访需要送礼外，平时的婚、丧、嫁、娶、生日、小孩满月等都可以送礼。中国人讲究“来而不往非礼也”，也就是说，接受了别人的礼物而不懂得回赠，是很不礼貌的行为。

（二）西方文化的特点

1. 个性自由

西方礼仪强调个人在不违反法律的前提下拥有绝对的自由，将个人的尊严看得神圣不可侵犯。在西方，冒犯对方的“私人的”所有权是非常失礼的行为。

2. 遵守承诺，遵守时间

西方人惜时如金，常将交往对象是否遵守时间作为判断其工作是否负责，是否值得与之合作的重要依据。在他们看来，这直接反映出一个人的素质。同时，西方人把遵守承诺看得极为重要，赴约必须提前到达，至少要准时，而且不应随意改动。

3. 自由、平等、开放

西方人提倡人人平等，强调竞争。

二、中西方礼仪的差异

（一）中方尊重老幼，西方女士优先

1. 中方尊老爱幼

在中国的公共场合，比如公共汽车上，常常会看到“老弱病残孕”座席，这是中国

尊老爱幼的传统美德的一种体现。在各种场合，只要是老人，无论男士、女士，必须礼让三分，哪怕是在家中，一定也要体现出尊重之意。比如，中国人见面握手时遵循的礼仪原则是长辈先伸手；用餐时长辈不动筷，晚辈不能先动筷。

2. 西方女士优先

在国际社会，女士优先是一种交际惯例。女士优先的本意，是要求每一位有教养的成年男士，在社交场合，尽一切可能尊重妇女、体谅妇女、照顾妇女、保护妇女、关心妇女。做到这一点的人就是一个绅士，是一个有教养的人。这一礼节在欧美各国被广泛应用，逐渐成为国际礼仪的一部分。在涉外交往中，“女士优先”是应该遵守的基本礼仪原则。

“女士优先”的表现是：

（1）进门出门时，男士要主动为女士开关门。

（2）在女士面前，有教养的男士是不可以吸烟的；若要吸烟，应先询问女士的意见。

（3）当女士在衣帽间更换外衣、外套时，男士应协助女士把外衣、外套挂在衣帽架上。

（4）当女士入座时，男士要为女士移开椅子。

（5）当女士在室外行走时，如果手提笨重物品，男士要上前为之效劳。

（6）当女士遭遇难堪之时，比如道路有积水，椅子上有不洁之物，男士要主动出面，为女士排忧解难。

（7）在大型宴会或公共场合发言或致辞时，按照国际惯例，开场白应为“女士们、先生们……”

（8）坐车时，请女士先上；下车时，男士先下，再扶女士下来。如果是乘坐公共交通工具，一般来说，除了老年人，男士都会站着，即使是坐着的，遇到女士上车，也要站起来让座。路上遇到认识的女士，男士要先打招呼、脱帽致意。

在国外，体现“女士优先”的地方还有很多。人们认为作为一个有教养的正派男士，就应该这样做。当然，在现代社会，女士不像过去那样弱不禁风，她们往往认为自己不需要男士的照顾，不在意是否“优先”。虽说如此，一个彬彬有礼的男士，总比粗鲁无礼的男士更受欢迎。

（二）中方热情好客，西方热情有度

1. 中方热情好客

中国人喜欢走亲戚、串门子，对客人一律热情招待，将自己最好的东西拿出来款待客人。中国人的热情好客具体表现为以下几个方面：

（1）非常关心他人。比如，日常生活中，见到别人衣服穿得少，会关心地提醒；见别人出去玩，会主动介绍哪个地方好玩；如果第二天要开会，会将电话打到家中提醒不要误时……

中国人相交，彼此之间讲究待人以诚，遇上亲朋好友做了不太对的事，及时对其不留情面地批评指正，这在中国人看来才是够朋友，才是对对方真正的关心。

（2）距离亲密。中国人在人际交往中对于双方的空间距离不太讲究。有时，为了表示亲近，还喜欢有意靠近交往对象一些，在中国的公共场合两位女士非常亲昵地走在一起是非常常见的。

（3）举止过度。有些中国人在国内接待外宾时，为了向外宾表现热情好客，不惜花巨资购买山珍海味款待，这种好客违背了当前爱护环境、保护环境的主题，所以重视环保的外宾往往拒绝，丝毫不领情。

2. 西方热情有度

（1）关心有度。外国人讲究的是独善其身，反对多管闲事。除了法律明文禁止做的事情之外，做其他任何事情，别人都是无权干涉的。因此，不宜对外国友人表现得过于关心，不要让对方感觉你管得过宽。万不得已时，应当尽量采用商量、建议的方式，使用委婉的语气，这样易于为对方所接受。

（2）距离有度。在涉外交往中，人与人之间的距离分为四种：

1）公共距离，是指在大庭广众之下，与外人相处时的距离。这一距离是人际接触中界域观念最大的距离，是一切人都可自由出入的空间距离。一般指的是三米开外的距离。

2）礼仪距离，是指一米半到三米之间的距离。在这一距离中，人们的肢体动作不会触碰到别人，说话时飞沫不会喷到别人的脸上。这种距离有时又称作尊重的空间距离。

3）常规距离，是指半米到一米半之间的距离，是亲朋、熟人的社交距离。这种距离是在人际交往中，或站或行时所允许保持的最为正规的距离，体现的是一种社交性的、较正式的人际关系。故有时又称为交际距离。

4）私人距离，是指小于半米的距离，是恋人之间、夫妻之间、父母子女之间的交往

距离，是“亲密无间”的距离。在这个距离内，人们身体之间较接近。这种距离有时又称亲密距离。显而易见，在涉外交往中私人距离一般不可以使用。

（三）中方谦虚含蓄，西方实事求是

1. 中方谦虚含蓄

中国人待人接物，在一般情况下，讲究的都是含蓄和委婉。在对自己的所作所为进行评价时，中国人大都主张自谦、自贬，不提倡多作自我肯定，尤其反对自我表扬。

2. 西方实事求是

在涉外交往中，西方人秉持实事求是的原则，因为实事求是会使人感到自己为人诚实，会使人感到自己充满自信，会使人感到自己光明正大。这是国际交往中通行的一种做法。

在国际交往中涉及自我评价时，虽然不应该自吹自擂，自我标榜，一味地抬高自己，但是也绝对没有必要自轻自贱，过度谦虚、客套。在实事求是的前提下，要敢于并且善于对自己进行正面的评价或肯定。

（四）中方见面寒暄，西方小心慎言

1. 中方见面寒暄

中国人一见面，常常这样打招呼：“吃了没?”“干什么去?”“从哪儿来?”“瞎忙。”“混日子。”“什么正经事都没干。”

中国人有的时候见面，为了显示与对方的熟悉程度，常常打听一些属个人隐私的事情。比如，对方的女儿嫁没嫁人，对方的儿子是否娶妻，对方的身体如何，对方是否涨工资，等等，这些都是中式寒暄。

2. 西方小心慎言

国际礼仪强调以人为本，要求尊重个人隐私，维护人格尊严。对于西方人来讲，经历、收入、年龄、婚恋、健康状况、政治见解等均属于个人隐私，别人不应询问。西方人特别是妇女，一般不把自己的年龄告诉别人，询问年龄、打听异性婚否会让人觉得讨厌。西方人还不喜欢随便给他人留自己的家庭住址，也不随便请他人到家里做客。关于宗教信仰和政治派别，在西方人看来是非常严肃的事，不可随便谈论。因此，自觉地、有意识地回避对方的隐私至关重要。

在跟外国人打交道时，千万不要没话找话，信口打探对方的个人情况。尤其是当发

现对方不愿回答时，就应当适可而止。必要时，可以谈一些关于天气、交通、体育之类的中性话题，也有助于良好谈话气氛的建立。

（五）中方以左为尊，西方以右为尊

1. 中方以左为尊

在确定并排排列的位次时，我国的传统做法是“以左为尊”，也就是以左为上、以右为下。目前，中国国内的官方活动，主要指政务活动，依旧采用这种方法排定座次。

2. 西方以右为尊

依照国际惯例，将多人进行并排排列时，最基本的规则是右高左低，即以右为上、以左为下。

第三节 外交礼仪

他山之石

1957 年国庆节后，周总理去机场送一位外国元首离京。那位元首的专机腾空起飞后，外国使节、武官的队列依然整齐，并对元首的专机行注目礼。而我国政府的几位部长和一位军队的将军却疾步离开了队列。周总理目睹这一情况后，当即派人把他们叫回来，一起昂首向在机场上空盘旋的飞机行注目礼。待送走外国使节和武官后，周总理特地把中国的送行官员全体留下来，严肃地给大家上了一课：外国元首的飞机起飞后在机场上空盘旋，是表示对东道国的感谢，因此东道国的主人必须等飞机从视线里消失后才能离开，否则，就是礼仪不周。我们是政府的工作人员和军队的干部，我们的举动代表着人民和军队的形象，虽然这只是几分钟的事，但如果我们不加以注意，就很可能因小失大，让国家的形象受损。

资料来源：何伟祥．公关礼仪．大连：东北财经大学出版社，2005.

小组讨论：

涉外交往中迎来送往时应注意哪些问题？

一、国旗悬挂礼仪

国旗是指某个国家由宪法规定的代表国家的旗帜，它是国家的标志和象征，代表着一个国家的尊严。国旗能够唤起国民的爱国热情以及对国家的责任感和荣誉感。在一个主权国家的领土上，一般不得随意悬挂他国国旗。许多国家对悬挂外国国旗都有专门规定。在国际交往中，还形成了悬挂国旗的一些惯例，为各国所公认。

（一）悬挂或摆放外国国旗的场合

我国目前仅允许以下五种场合悬挂或摆放外国国旗：

（1）外国国家元首、政府首脑正式到访。

（2）外国贵宾访问期间我国举行重要的礼仪活动。

（3）国际会议在我国举行。

（4）重大的国际活动在我国举行。

（5）为在我国进行的国际经济的重要项目而举行的庆典仪式。

（二）悬挂国旗的要求

1. 制旗规范

旗面完好、整洁，图案、式样、颜色、比例均按本国宪法规定。不同国家的国旗，有时长、宽比例是不同的，因此在并排悬挂时，应按同一规格略放大或缩小，使旗的面积大致相等。不能使用有污损的国旗。

2. 悬挂两国国旗，按国际惯例，应以国旗自身面向为准

右挂客方国旗，左挂主方国旗。汽车上挂旗，则以汽车前进方向为准，驾驶员左手为东道主所在国国旗，右手为来宾所在国国旗。

3. 多国国旗并列升挂时，旗杆高度应划一

根据联合国规定，和平时期，任何一国的国旗不能高过他国国旗。而且，同一旗杆不能升挂两个国家的国旗。并列升挂多国国旗时，应先升挂本国国旗；降落时最后降本国国旗。

4. 国旗不得倒挂、反挂

一个国家的国旗由于文字和图案的原因，不能倒挂、反挂。这里要注意，有些国家的国旗极为相似：例如，法国和荷兰的国旗是红、白、蓝三色旗，比利时和德国的国旗是黑、黄、红三色旗，意大利和匈牙利的国旗是红、白、绿三色旗，但它们排列的方法却绝不相同。因此，悬挂外国国旗时万万不可马虎大意。

二、住宿和餐饮礼节

（一）住宿礼节

在涉外交往中，住宿方面的礼节主要包括两个方面的内容。

1. 安排外宾的住宿

在国际交往中，接待外国来宾时，安排其住宿主要有两种方法：一是由来宾自行解决住宿；二是由接待方以主人的身份为来宾安排住宿。具体采用哪种方法，通常应由双方事先议定。

根据礼仪规范，为来宾安排住宿的具体过程中，一般应注意三个方面：

（1）充分了解来宾的生活习惯。

（2）慎重选择来宾的住宿地点。

（3）做到“宾至如归”。

除了了解来宾生活上的难题并及时解决外，还应向来宾介绍本地的饮食、娱乐、观光方面的特色项目。

2. 出国时安排自己的住宿

（1）在旅馆住宿。

1）保持安静。

2）保持客房的整洁。

3）正确使用客房的设备。

4）了解旅馆的特殊规矩。比如，有些国家的旅馆不提供开水，不负责向住客提供一次性牙具或一次性拖鞋。

5）房间只可以洗自己的内衣内裤，并且只能晾在卫生间而不能晾到走廊上。

6）外出时，最好不要将现金、贵重物品和身份证等放在房间里。可以在宾馆大堂里租一个保险箱。

7）最好不要在自己的房间内接待客人，尤其是因公务活动来拜访的客人。有客人拜访，要约到大厅或咖啡厅。

8）预订房间时，应该每人一间。在国外，同性成年人除了一家人之外，是不住在一间客房里的，否则就会被视为同性恋。

9）离开旅馆时，只能将一次性的盥洗用品带走。

（2）在别人家住宿。

私人出访时，有时直接住宿在外国人家里；因公出访，通常不允许这样做。大多数情况下，在外国人家里住宿，住宿者与房东之间是租赁关系。因此，要支付一定的费用，即使是关系密切的朋友，也应支付一定的费用，若有和约就更应交费了。在外国人家里住宿，一定要注意住宿的礼仪，包括以下三个方面：

1）遵守约定。不管是口头的还是书面的，只要有了承诺，就应该遵守。

2）尊重房东。不要因你的生活而打乱了别人的正常起居，绝对不可以不经允许擅自闯入房东的房间。

3）保持卫生，爱惜物品。

（二）餐饮礼节

在涉外交往中，餐饮礼仪十分重要，如果考虑不周，就会令对方产生不满，所以在款待外国友人的时候，应从以下几个方面加以注意。

1. 宴请环境

在宴请外宾时，必须明确，不是为了吃而吃，最重要的是营造一种氛围以利于宾主的交流。通常，我们在宴请外宾时，要从环境、会见、费用、菜单、举止和音乐六个重要的方面认真准备。一般在涉外宴请时，要选择环境幽雅、整洁、卫生的地方。

2. 宴请的菜单

在宴请外国友人时，除了要注意节省开支之外，要对对方爱吃什么、不爱吃什么做到心中有数。点菜时要考虑外宾的宗教信仰和饮食禁忌。在我国的山珍海味中，有许多是外宾不能接受的，比如燕窝、鱼翅、海参等。可以选择一些具有民族特色的菜肴，比如春卷、水饺、汤圆等；也可以选择具有本地风味的菜肴，比如东北的酸菜、天津的“狗不理包子”等；还可以准备一些外宾喜欢的菜肴，比如外宾的家乡菜等。

3. 宴请的个人礼仪

参加宴请的人要讲究个人卫生，衣着得体，女士要化妆。参加晚宴时最好不要穿白天的工作装。

三、迎送外宾

（一）见面礼仪

与外宾见面时，视对象、场合的不同，礼节也有所差异。

在日本等一些东方国家，鞠躬是常见的传统礼节。行礼时立正站直，双手放在膝上，俯身低头，同时问候，弯身越低，越示敬意。对日本人、朝鲜人的鞠躬礼，每次必须同样还礼。见到的人的年纪越大、职位越高，鞠躬时弯身越低。

俄罗斯人在见面握手时，忌形成十字交叉形。即当他人两手相握时，不能在其上下方再伸手，也不能倚在门槛上和隔门握手。

欧洲各国更喜欢拥抱的礼节，有时还伴以贴面和亲吻。但要注意，不可吻出声响。在商务活动中一般不行此礼，且中方人员不主动拥抱、亲吻外宾。男士还有特别的脱帽礼和对女士的吻手礼。

美国人比较温和、直率，结交很容易。首次见面可称“先生”“夫人”“女士”“小姐”之类，认识之后一般就可直呼其名，有的美国人还会主动要求你用昵称。如果我们套用国内的“王总”“李主任”“老张”之类的称呼，美国人可能会认为你不愿意同他建立友谊。

对德国客人，握手很正式并伴有几乎感觉不到的鞠躬，除非对主人很了解，其他的接触，例如拥抱和亲吻面颊是不提倡的。

对英国客人，人们应穿得很正式，最好不要有亲密的身体接触。

对意大利客人，握手很重要，在业务活动中表示很正式的尊重。

对拉美客人，握手和拥抱很频繁，说话时他们比美国人站得更近，向后站是不礼貌的。

（二）迎送规格

一般用对等接待的规格，即主要迎送人员与主要来宾身份相当。

（三）迎宾

1. 迎宾准备

核实班机、车船到达时间，安排好来宾下榻的客房及膳食，根据来宾人数和我方迎客人数准备车辆。双方若是第一次见面，还要准备接站牌。必要时，准备一些迎宾的鲜花。

2. 迎宾礼仪

外宾下飞机（车、船）以后，我方应立即上前迎接，双方互作介绍。通常，先由我方人员或翻译将迎接者按身份高低向来宾一一介绍。双方行握手礼。有的国家的来宾习惯再行拥抱礼、鞠躬礼、合十礼、抚胸礼等，我方均应作出相应表示，不可表现出勉强。行礼后是献花。

外宾抵达宾馆后，我方人员不要在外宾房间停留时间过长，因为从此时开始，房间已是属于外宾的私人空间。向外宾送上日程安排表，约好下一项活动的时间后，即可离开。

(四) 送客

(1) 在我方邀请信的回执上，应该有是否需要代订返程票一项内容，若等外宾到达后再订返程票，往往来不及。

(2) 确认外宾的返程日期、时间、航班班次等，提前安排好车辆，并通知有关人员。无论会谈成功与否，送客的规格不变。

(3) 应提前出发，尤其是乘坐国际航班，到达机场的时间应比飞机起飞的时间提前两至三个小时，因为安全检查需要很长时间。

(4) 同外宾告别后，要等他们走出我方的视野或火车、轮船开起来以后再走开。

四、馈赠礼仪

英国人得到馈赠的礼品必定当面打开。英国人喜欢鲜花、名酒、小工艺品和巧克力，但对印有客人所属公司标记的礼品不大欣赏。无论礼轻礼重，英国人都会热情赞美，同时表达谢意。

在人际交往中，法国人对礼物十分看重，宜选具有艺术品位和纪念意义的物品。法国人将香槟酒、白兰地、糖果、香水等视为好礼品；体现文化修养的书籍、画册等也深受欢迎；不宜选用刀、剑、剪、餐具或是带有明显的广告标志的物品作为馈赠礼品。男士不宜向一般关系的女士赠送香水。在接受礼品时，若不当着送礼者的面打开包装，则被视为是一种无礼的表现。

与美国人交往，有两种场合可通过赠礼来自然地表达祝贺和友情：一是每年的圣诞节期间；二是当你抵达和离开美国的时候。在美国，请客人吃顿饭、喝杯酒或去共度周末，被视为较普遍的“赠礼”形式，你只要对此表示感谢即可。去美国人家中做客一般不必备厚礼，带些小礼品如鲜花、美酒和工艺品即可，如果空手赴宴，则表示你将回请。

美国总统布什偕夫人劳拉访华期间，在一次用餐中，总统夫妇对我国景德镇生产的“吉祥如意”餐具赞不绝口。于是，江泽民总书记访问美国时便带上了一套精美的“吉祥如意”餐具作为礼品馈赠布什夫妇。

与俄罗斯人交往时，送鲜花要送单数。用面包与盐招待贵客，表示友好和尊敬。最忌讳送钱给别人，因为这意味着施舍和侮辱。

按日本习俗，向个人赠礼须在私下进行，不宜当众送出。给日本人送礼忌送梳子，因为梳子的发音与“死”相近，也不要送有狐狸、獾图案的礼物。另外，菊花是王室专用花卉，所以一般人也不能送菊花。中国的文房四宝、名人字画、工艺品等最受欢迎，但字画的尺寸不宜过大。所送礼品的包装不能草率。

中国的工艺品在阿拉伯国家很受欢迎，古香古色的瓷瓶等都是馈赠的佳品。向阿拉伯人送礼要尊重其民族和宗教习俗，不要送古代仕女图，因为阿拉伯人不愿让女子的形象在厅堂出现；向女士赠礼，一定要通过她们的丈夫或父亲，赠饰品给女士更是大忌。

五、小费礼仪

由于我国服务行业没有收小费的传统习惯，所以出国后，我们往往没有付小费的意识，有时因此影响到服务员对我们的态度和服务质量。

世界上大多数国家都有付小费的做法。各个国家付小费的方法和数目都不一样，只能到了一处先向当地的熟人请教。在此，对几个问题作简要的介绍。

（一）在饭店进餐

在美国，饭店的小费标准一般是账单金额的15%。在欧洲，小费作为服务费大多已列到账单上，无须另付。如果账单上不包括小费，则可以把服务员找回的硬币留在盘子里作为小费。

（二）在旅馆住宿

如果需要服务员帮助你把行李从外面拿进旅馆，每件需付50美分；放进房间里，每件要付1美元小费。如果行李又大又重，就应多付一点。如果需要他帮你叫出租车，应付25美分。

在商业旅馆，只住一夜的客人大都不付客房小费。如果住的是豪华宾馆并且停留较长时间，还是应该给一点小费，至于具体数额，则可以问当地人或领班。每个服务员一周5美元到10美元。

（三）乘出租车

除了付车费之外，需要付给出租车司机相当于车费金额15%的小费。

如果是组团包车旅游，要付给司机和导游小费，每天约 4 美元。

（四）使用卫生间

一般饭店里公用卫生间都有服务员。如果他为你递毛巾或提供其他服务，在国内我们一般给一两元人民币。在国外，可视饭店档次的高低给 50 美分至 1 美元。如果他什么也没做，则可以不给。

第四节 部分国家礼仪与习俗

他山之石

一位50多岁的美国妇女在中国任教，有一位年轻的中国同事邀请她到自己家里来吃饭。一进门，女主人就把4岁的女儿介绍给客人，小姑娘用英语热情地打招呼："阿姨好!"她妈妈跟她说过，见了成年女士要这样问好。

"不对，不能叫阿姨，"女主人连忙纠正女儿，"要叫奶奶!"

"不要叫奶奶，就叫我阿姨好了。"

"那样太没有礼貌了，您比我年纪大多了。"女主人忙说道。

美国妇女脸红了，尴尬地笑了笑，说："就叫阿姨吧，我更喜欢这样。"

小组讨论：

在涉外交往礼仪中，应避免哪些民俗禁忌问题?

一、日本的习俗和禁忌

(一) 日常礼节

1. 见面礼节

在人际交往中，日本人通常都习惯于以鞠躬作为见面礼节。日本人在行鞠躬礼时鞠躬的度数、时间及次数，往往与对对方所表示的尊敬程度成正比。日本人在行鞠躬礼时，还讲究手中不得拿东西，头上不得戴帽子，把手插在衣袋里亦不允许。有的时候，日本人还会一面与人握手，一面鞠躬致敬。不过在一般情况下，日本妇女，尤其是日本的乡村妇女，与别人见面时，是只鞠躬不握手的。在行见面礼时，日本人讲究必须同时态度谦恭地问候交往对象。

2. 称呼礼节

日本人常用的寒暄语有“您好”“您早”“请休息”“晚安”“对不起”“请多关照”“失陪了”等。日本人与他人初次见面时，通常要互换名片，否则即被理解为是不愿与对方交往。称呼日本人时，可称之为“先生”、“小姐”或“夫人”。也可以在其姓氏之后加上一个“君”字，将其尊称为“某某君”。只有在很正式的情况下，称呼日本人时才使用其全名。

3. 馈赠礼节

日本人盛行送礼，他们既讲究送礼，也讲究还礼。

4. 服饰礼节

日本人比较注意衣着仪表的美观，不修边幅会被认为没教养，是受人鄙视的。社交场合一般要着礼服，可以穿西装套服。天气炎热时穿衬衣也不能卷起袖子。参加宴会时，主人没有请宽衣，不能随便脱外衣。民间节日，日本人最喜爱的是和服，特别是妇女，认为只有穿上和服才是最正式、最有礼貌的。

（二）餐饮礼仪

（1）日本料理自古被称为“五味（甜、酸、咸、苦、辣）、五色（白、黄、赤、青、黑）、五法（生、煮、烤、烫、蒸）料理”。

日本人以熟食为主，也喜生食。著名的日本风味食品有生鱼片、寿司等。早餐以牛奶、面包、稀饭为多，午餐、晚餐吃大米饭，副食主要是蔬菜和鱼类。日本人爱吃鱼、爱吃面酱，爱在凉菜上撒点芝麻、紫菜末、生姜丝等。日本人吃菜清淡，不喜欢油腻，喜欢鲜中带甜的菜。

（2）日本人非常爱饮茶，爱喝酒。在日本，斟酒讲究满杯。日本人常饮的酒是日本所独有的清酒。

（3）日本人在宴客时，大都忌讳将饭盛得过满，并且不允许一勺盛一碗饭。作为客人，则不能仅吃一碗饭。哪怕是象征性的，也要再添一次饭。否则，就会被视为宾主无缘。

（三）礼仪禁忌

日本人忌荷花图案。赠送礼品时，切勿赠数字为“9”的礼物。送日本人婚礼礼金时要避免偶数。在日本寄信时，邮票不能倒贴，倒贴是绝交的表示。日本人用筷子很有讲究，在餐桌上有放筷子的筷托，用筷时忌舔筷、迷筷、扭筷、插筷、掏筷、跨筷、剔筷。同时，还忌用一双筷子给大家依次夹取食物，也不能把筷子垂直插在米饭中。日本人没有相互敬烟的习惯。与日本人一起喝酒，不宜劝导他们开怀畅饮。日本人很忌讳别人打听他的工资收入，年轻的女生忌讳别人询问她的年龄以及是否结婚等。

二、韩国的习俗和禁忌

（一）日常礼节

1. 见面礼节

在较正规的交际场合，韩国人一般采用握手礼作为见面礼节。在行握手礼时，他们讲究使用双手，或单独使用右手。当晚辈、下属与长辈、上级握手时，后者伸出手来之后，前者须先以右手握手，随后再将自己的左手轻置于后者的右手之上。韩国人的这种做法，是为了表示自己对对方的特殊尊重。晚辈与长辈同坐，要挺胸端坐；若想抽烟，须征求在场的长辈同意。

韩国妇女一般情况下不与男子握手，而往往代之以鞠躬或者点头致意。韩国小孩子向成年人所行的见面礼，大抵也是如此。

韩国人见面时，一般以咖啡、不含酒精的饮料或大麦茶招待客人。

韩国人在公共场所不大声说话。在韩国，女子同男子见面时，女子先向男子行鞠躬礼，致意问候。男女同坐时，男子位于上座，女子则位于下座。多人相聚时，往往根据身份高低和年龄大小依次排定座位。在社交场合，男女分开活动。

2. 称呼礼节

一般情况下，韩国人在称呼他人时爱用尊称和敬语，很少会直接叫出对方的名字。交往对象若拥有能够反映其社会地位的头衔，韩国人在称呼对方时一定会屡用不止。

3. 馈赠礼节

在韩国如受邀去做客，不可空手前往，应带一束鲜花或一份小礼物，并用双手奉上。接受礼物时不可当面打开。

4. 服饰礼节

韩国人在交际应酬中通常穿着西式服装。但是，他们的着装很讲究朴素整洁，并且较为庄重保守。在某些特定的场合，尤其是在逢年过节的时候，韩国人往往会穿本民族的传统服装。在韩国，参加社交活动时光脚穿鞋子是一种失礼的行为。进屋之前需要脱鞋时，韩国人是不准将鞋尖直对房间之内的。

（二）餐饮礼仪

（1）韩国人的主食为米饭、打糕和冷面等。韩国人爱吃辣椒、泡菜，烧烤中要加辣椒、胡椒、大蒜等调味品。韩国人喜欢吃牛肉、猪肉、鸡肉和海味。素菜喜欢吃黄豆芽、卷心菜、菠菜、萝卜、洋葱等。韩国人早餐不喝粥。对他们来说，汤是每餐必不可少的。

（2）韩国人在用餐时很讲究礼节，用餐时不随便出声，不边吃边谈，如不注意这些小细节，往往会引起别人反感。关于筷子，韩国人的讲究是，与长辈同桌就餐时晚辈不许先动筷子，不可用筷子对别人指指点点，用餐完毕要将筷子整齐地放在餐桌的桌面上。

（三）礼仪禁忌

韩国人与不了解的人来往时，要有一位双方都尊敬的第三者介绍，否则不容易得到对方的信赖。为了介绍方便，要准备好名片，中英文或韩文的均可，但要避免在名片上使用日文。到公司拜会，必须事先约好。会谈的时间最好安排在上午 10 点或 11 点左右，或者下午两三点钟。韩国人对“4”非常反感，许多楼房的编号忌“4”字。在饮茶或饮酒时，主人总是以 1、3、5、7 的数字来敬酒、敬茶、布菜。

在韩国民间，仍讲究“男尊女卑”。进入房间时，女子不可走在男子前面。进入房间后，女子须帮助男子脱下外套。男女一同就座时，女子应自动坐在下座，并且不得坐得高于男子。

三、英国的习俗和禁忌

（一）日常礼节

1. 见面礼节

英国人见面使用最多的是握手礼。英国人待人十分客气，随时随地使用礼貌用语。

2. 称呼礼节

英国人喜欢称呼别人世袭的爵位或荣誉头衔，至少也称“阁下”“先生”“小姐”

“夫人”。

3. 馈赠礼节

英国人不欢迎贵重的礼物，尤其是涉及私生活的服饰、香水、带有公司标志的物品等。鲜花、威士忌酒、巧克力、音乐会门票、工艺品等是馈赠的适当之选。给英国女士送鲜花时，宜送单数，不要送双数和13枝，不要送被英国人认为象征死亡的菊花和百合花。

4. 服饰礼节

英国人十分重视穿着，他们好以衣帽取人。英国人在正式场合的穿着是保守而庄重的。男士通常穿三件套的深色西装，女士通常穿深色的套裙或素雅的连衣裙。黑色服装是英国人正装的首选。

（二）餐饮礼仪

（1）英国人是一日四餐，即早餐、午餐、午后茶点和晚餐。他们一般口味偏清淡，喜爱酸甜、微辣味，不愿吃带黏汁或过辣的菜肴，不喜欢用味精调味，也不吃狗肉。

（2）英国人爱喝茶，把喝茶当作每天必不可少的享受。英国人喝茶的习惯不同于中国人，倒茶前要先往杯子里倒入冷牛奶或鲜柠檬，再加点糖。先倒茶后倒牛奶会被认为缺乏教养。

（3）在宴会上应注意将女主宾安排在首席，要先为女宾斟酒。用餐时切忌碰撒盐瓶（碰撒视为朋友口角或断交预兆），切忌刀叉碰响水杯（为不幸预兆）。受到款待后一定要写信表示感谢。英国有一些风味佳肴富于特色，如被称作“国菜”的“烤牛肉加约克郡布丁”和“炸鱼薯片”。

（三）礼仪禁忌

（1）英国人喜欢蓝色、红色和白色，不喜欢墨绿色。忌讳星期五以及13和666等数字。

（2）英国人忌用人像作服饰和商品包装，也忌用大象和孔雀图案。

（3）英国人忌讳以英国皇室的隐私作为谈资。

（4）在英国，动手拍打别人、跷起“二郎腿”均为不雅行为。

四、法国的习俗和禁忌

(一) 日常礼节

1. 见面礼节

法国人爱好社交，善于交际。对法国人来说，社交是人生的重要内容，没有社交活动的生活是难以想象的。在商务交往中，常用的见面礼是握手。而在社交场合，亲吻礼和吻手礼比较流行。法国人的亲吻礼，主要是相互之间亲面颊或贴面颊。至于吻手礼，主要限于男士象征性地吻一下已婚妇女的手背，但少女的手不能吻。与法国人打交道，约会必须事先约定，并且准时赴约，但是也要对他们的姗姗来迟有心理准备。

2. 称呼礼节

正式称呼法国人时，宜只称其姓氏，或是姓与名兼称。家人、熟人、朋友、同事、同学之间，应直呼其名。对于关系密切者，则宜直呼其昵称。

与法国人打交道时，有必要使用谦称或敬称。法国人所用的谦称，多为第一人称复数，或者是第三人称，意即“鄙人”或“鄙公司”。

3. 馈赠礼节

在接受礼品时若不当着送礼者的面打开包装，是一种无礼的表现。法国人喜欢有文化和美学素养的礼品，如唱片、磁带、艺术画册等。他们非常喜欢名人传记、回忆录、历史书籍，讨厌那些带有公司标志的广告式礼品。

4. 服饰礼节

法国人讲究衣饰，在正式场合，法国人通常要穿西装、套裙或连衣裙，颜色多为蓝色、灰色或黑色，质地则多为纯毛。出席庆典仪式时，一般要穿礼服，男士所穿的多为配以蝴蝶结的燕尾服，或黑色西装套装；女士所穿的则多为连衣裙式的单色大礼服或小礼服。对于穿着打扮，法国人讲究搭配。在选择发型、手袋、帽子、鞋子、手表、眼镜时，都十分强调使之与自己的着装相协调。

(二) 餐饮礼仪

(1) 法国是世界三大烹饪王国之一，法国人十分讲究饮食，并且人人喜欢以美食家自居。他们的看法是：“烹饪是文明的无名先锋”“一顿晚餐比一首诗价值更高”。在西餐之中，法国菜可以说是最讲究的。

(2) 法国人爱吃面食。在法国，面包的种类难以计数。他们爱吃牛肉、猪肉、鸡肉、鱼子酱、蜗牛、鹅肝、蛙腿，不吃肥肉、无鳞无鳍的鱼。

(3) 法国盛产白兰地、香槟与红白葡萄酒。法国人善饮，他们几乎餐餐必喝，而且讲究在餐桌上要以不同品种的酒水搭配不同的菜肴。

(4) 除酒水之外，法国人平时还爱喝咖啡。

(三) 礼仪禁忌

(1) 法国人忌讳黄色的花，认为是不忠诚的表现；忌黑桃图案，认为不吉祥；忌仙鹤图案，认为仙鹤是蠢汉和淫妇的代称；忌送香水等化妆品给法国女性，因为有过分亲热或图谋不轨之嫌。

(2) 法国人对核桃十分厌恶，认定它代表着不吉利。以之招待法国人，将会令其极其不满。

五、德国的习俗和禁忌

(一) 日常礼节

1. 见面礼节

德国人通常采用握手礼作为见面礼节。与德国人握手时，务必坦然地注视对方，握手的时间宜稍长一些，晃动的次数宜稍多一些，握手时所用的力量宜稍大一些。与亲朋好友见面时，德国人往往会施拥抱礼。在德国，亲吻礼多用于夫妻、情侣之间。有些上了年纪的人，与人相逢时，还往往习惯于脱帽致意。

2. 称呼礼节

德国人在人际交往中的一个鲜明特点就是重视称呼。一般情况下，切勿直呼德国人的名字。称其姓名全称，或仅称其姓，都可以。

对于有职衔、学衔、军衔的德国人，在称呼时一定不要忘记使用其头衔。这被视为向对方致敬的一种做法。“阁下”这一称呼，在德国是不通用的。

与德国人交谈时，切勿疏忽对“您”与“你”这两种人称代词的区分。对于初次见面的成年人以及老年人，务必要使用“您”。对于熟人、朋友、同龄者，方可以用“你”。在德国，称“您”表示尊重，称“你”则表示地位平等、关系密切。

3. 馈赠礼节

向德国人赠送礼品时，不宜选择刀、剑、剪、餐刀和餐叉。以褐色、白色、黑色的包装纸和彩带包装、捆扎礼品，也是不可行的。

4. 服饰礼节

德国商人讲究穿着打扮，一般男士穿深色的三件套西装，打领带，并穿深色的鞋袜；女士穿长过膝盖的套裙或连衣裙并配以长筒袜，化淡妆。不允许女士在商务场合穿低胸、紧身、透明的性感上装和超短裙，也不允许她们佩戴过多的首饰。德国人对发型也比较重视，男士不宜剃光头，德国少女的发式多为短发或披肩发，烫发的妇女大半都是已婚者。

（二）餐饮礼仪

（1）德国是一个具有深厚饮食文化的国家，对食品的制作及就餐程序十分讲究。德国人饮食口味较重，以面包、土豆为主食，偶尔用大米、面条作主食。德国人爱吃猪肉、牛肉。

（2）在饮料方面，德国人最欣赏啤酒，啤酒杯一般很大，一般情况下不碰杯，一旦碰杯，则需一口气将杯中酒喝光。德国人在用餐时，若同时饮用啤酒与葡萄酒，习惯先饮啤酒后饮葡萄酒。

（3）自助餐源于德国，全国各地的自助餐小店极多。在这种小店就餐，既方便又实惠，所以很受人们欢迎。

（三）礼仪禁忌

（1）德国人喜欢灰色、黑色，忌讳红色；忌讳星期五以及 13 和 666 等数字。

（2）德国人对纳粹党党徽的图案十分忌讳。

（3）与德国人交谈时，不宜涉及纳粹、宗教、党派之争等话题。在公共场合窃窃私语，被德国人认为是十分无礼的。

六、美国的习俗和禁忌

（一）日常礼节

1. 见面礼节

一般情况下，同外人见面时，美国人往往以点头、微笑为礼，或者只是向对方说一声“嗨”。若非特别正式的场合，美国人甚至连国际上最为通行的握手礼也略去不用。若非亲朋好友，美国人一般不会主动与对方亲吻、拥抱。

2. 称呼礼节

在称呼别人时，美国人极少使用全称。他们更喜欢交往对象之间直呼其名，以示双方关系密切。若非官方的正式交往，美国人一般不喜欢称呼官衔，或是以“阁下”相称。在人际交往中使用的称呼是能反映成就与地位的学衔、职称，如“博士”“教授”“律师”“法官”“医生”等。

3. 馈赠礼节

不宜送给美国人的礼品主要有香烟、香水、内衣、药品以及广告用品。

4. 服饰礼节

美国人穿着打扮的基本特征是崇尚自然，偏爱宽松，讲究着装体现个性，但他们非常注重着装细节和服装的整洁。拜访美国人时，进门一定要脱帽子和外套，他们认为这是一种礼貌。穿睡衣、拖鞋会客，或是以这身打扮外出，都会被美国人视为失礼。在美国，女性最好不要穿黑色皮裙。不然的话，就会被美国人视为非“良家妇女”。

（二）餐饮礼仪

（1）美国人的饮食习惯，一般可以说是因地区而异，因民族而异。就总体而言，其共同特征是：喜食“生”“冷”“淡”的食物，不刻意讲究形式与排场，而强调营养搭配。在一般情况下，美国人以食用肉类为主，牛肉是他们的最爱，鸡肉、鱼肉、火鸡肉亦受其欢迎。

（2）美国人不吃的食物主要有：狗肉、猫肉、蛇肉、鸽肉，淡水鱼与无鳞无鳍的鱼，动物的头、爪及内脏，生蒜、韭菜、皮蛋。受快节奏的社会生活影响，美国人的饮食日趋简便与快捷，因此，快餐在美国得以流行。热狗、炸鸡、土豆片、三明治、汉堡包、面包圈、比萨饼等，在美国可谓老少咸宜，早已成为美国人平日餐桌上的常客。

（3）美国人爱喝的饮料有矿泉水、红茶、咖啡、可乐、葡萄酒、牛奶、果汁等。

（三）礼仪禁忌

（1）美国人最喜爱的色彩是白色，此外还有蓝色和黄色。由于黑色在美国主要用于丧葬活动，因此美国人对它比较忌讳。美国人忌讳星期五以及13、3和666等数字。

（2）美国人在跟同性打交道时，有不少讲究。在美国，成年的同性共居于一室之中，在公共场合携手而行或是勾肩搭背，在舞厅里相邀共舞等，都有同性恋之嫌。

（3）与美国人交谈时，忌问个人收入和财产状况；忌问妇女婚否、年龄及衣饰价格等。

中国优秀传统文化传承

中国传统节日

传统节日的形成过程，是一个民族或国家的历史文化长期积淀凝聚的过程，我国的传统节日，无一不是从古代发展而来的。从这些流传至今的节日风俗里，还可以清晰地看到古代人民社会生活的精彩画面。自2008年起，我国法定节假日中增加了清明节、端午节、中秋节三个传统节日。

清明节在公历四月五日前后，它既是节日，又是二十四节气之一。清明节已有2 500多年的历史，古时又叫踏青节、三月节、祭祖节、扫墓节等，是人们祭奠祖先、缅怀先烈的节日。它与七月十五的中元节、十月初一的寒衣节并称为中国三大“鬼节”。

端午节在每年农历五月初五，又称端阳节、午日节、五月节等，有吃粽子，赛龙舟，挂菖蒲、蒿草、艾叶，薰苍术、白芷，喝雄黄酒的习俗。关于端午节的来历，说法众多，其中一种说法是端午节是纪念屈原的传统节日。

中秋节在农历八月十五，又称月夕、秋节、仲秋节、拜月节、团圆节等。中秋节始于唐朝初年，盛行于宋朝，至明清时已成为与春节齐名的中国主要节日之一。中秋节自古便有祭月、赏月、拜月、吃月饼、赏桂花、饮桂花酒等习俗。

课后任务

一、单项选择题

1. 在确定并排排列的位次时，我国的传统做法是（　　）。

A. 以左为尊　　B. 以上为尊　　C. 以右为尊　　D. 以下为尊

2. 当本方对对方国家的来宾采取某种标准的礼仪形式时，一般对方国家也会给本方的来宾以相应的外交礼遇，这体现的是外交礼仪的（　　）。

A. 对等性　　B. 严肃性　　C. 规范性　　D. 礼宾性

3. 在外交礼仪上，既不能唯我独尊，盛气凌人，以强欺弱；也不应卑躬屈膝，妄自菲薄，丧失民族气节，这就是（　　）的原则。

A. 不卑不亢　　B. 尊重为本　　C. 信时守约　　D. 求同存异

4. 日本人忌（　）图案，认为是“妖花”。

A. 菊花　　B. 桃花　　C. 荷花　　D. 牡丹花

5. 法国人对（　）十分厌恶，认定它代表着不吉利。

A. 鹅肝　　B. 杏仁　　C. 核桃　　D. 葡萄

二、判断题

1. 由于世界各国的社会制度、文化背景各不相同，礼仪习俗存在着一定程度的差异，在对外交往时，应理解对方、尊重对方。（　）

2. 对于西方人来讲，凡涉及经历、收入、年龄、婚恋、健康状况、政治见解等均属于个人隐私，别人不应询问。（　）

3. 在人际交往中，日本人通常以亲吻礼作为见面礼节。（　）

4. 韩国妇女在一般情况下不与男子握手，而往往代之以鞠躬或者点头致意。（　）

5. 在韩国如受邀去做客，不可空手前往，应带一束鲜花或一份小礼物，并用双手奉上。（　）

三、简答题

1. 涉外礼仪中应遵循哪些原则？

2. 哪些场合适合悬挂国旗？

3. 沙特阿拉伯人在餐饮上有哪些禁忌？

第五章

求职礼仪

知识目标

- 了解求职前的准备工作
- 掌握应聘中的礼仪与技巧

技能目标

- 懂得如何做好求职前的准备工作
- 通过实训，掌握应聘中的礼仪

案例导读

有一个没有任何人推荐的小伙子被某知名公司录用了。该公司人事经理说："这个小伙子神态从容，服饰整洁。我注意到他在门口蹭掉了脚下带的土，进门后随手轻轻地关上了门。进了办公室，其他人都从我故意放在地板上的那本书上迈了过去，而他却很自然地俯身捡起并放在桌上。他回答问题简洁明了、干脆果断。这些就是最好的介绍信。"

小组讨论：

在面试时，如何塑造自己良好的第一印象呢？

第一节 求职前的准备

他山之石

某报社招聘记者，应聘者不少。招聘的第一个环节是轮流到台上进行自我介绍。在正式开始之前，报社的工作人员给每位应聘者发了一份本社的报纸，但是不少应聘者一心准备着自己的讲稿，根本没有注意看。在自我介绍时，一位计算机专业的同学表达了自己对记者工作的向往，却说自己写作能力不强，交际能力也比较差，最后被淘汰了。主考官问一位文秘专业的应聘者："你了解我们报纸吗?"这位应聘者愣了一下，随口回答说："不了解，我想你们如果录用了我，我就很快会了解的。"结果这位应聘者没有通过面试。

小组讨论：

我们从这些应聘者面试的失败中可以吸取哪些教训?

孙子云："知己知彼，百战不殆。"这条真理也适用于求职应聘。正确认识自己，是求职的第一步。

一、正确认识自己

(一) 认识自己的个性

个性也称性格，它是指一个人在对人、对事的态度和行为方式上所表现出来的心理特点。

性格与职业选择有很大的关系，它既是择业的重要影响因素，又是事业成功的基础。如果一个人的性格、气质与所从事的职业很吻合，在职业生涯中就有利于获得事业的成功；反之，则会苦恼不断，甚至导致事业失败。

有人以外向、内向来区分人的性格。

外向型的人，情感丰富，工作能力较强，容易适应新的环境，但注意力不稳定，兴趣容易转移，所以适合于选择能充分发挥自己行动能力、积极性的职业，如做管理者、律师、售货员、新闻记者、警官、公关工作者、社团工作者、广告宣传员、调度员、党团干部、商品批发员、人事工作者、导游、咨询人员、保险工作人员、经纪人、代理人等。

内向型的人，工作中应变力差，接触面往往较窄，所以适合于选择能充分发挥自己计划性、缜密性、逻辑性、规律性等优势的职业，如做自然科学研究人员、技术人员、会计师、速记员、打字员、统计员、商店收款员、银行出纳员、办公室办事员、美容师等。

平衡性格的人则对职业的适应性更强，适合外向型和内向型性格的职业，企业家往往就是平衡性格的人。

那么，如何判断自己的性格属于哪一类型呢？现在有一些较流行、较科学、操作较方便的性格测验，可以去做一做。此外，也可以问自己一些问题，如：我喜欢哪一种人？我最高兴、最期盼的是什么事？我哪方面比别人优秀？我的优缺点是什么？父母亲、兄弟姐妹和朋友对我有何评价？等等。回答了这些问题，便大体可以知道自己的性格了。如果可能的话，你就可以根据自己的性格特点来选择职业。

当然，性格属于什么类型的并不重要，并不是个性爽朗、善于交际就是好性格，而寡言、不善交际就是不好的性格。而且，性格并不能决定一个人的成才方向和成就高低。性格相同的人，有的可能成才，有的可能庸庸碌碌、一事无成；性格不同的人，也可能在同一领域、同一职业中取得成功。不同的性格只体现不同人的个性特征，认识自己的关键是找出个人的性格特点，以便发挥自己性格的优势。

（二）知道自己的长处

在求职前，要认清自己的长处与短处，弄明白自己的才华所在，自己在知识、体力、技艺等哪方面有专长，并考虑在什么工作领域能把自己的这些长处发挥出来。

所谓长处，在这里一是指天赋特长，二是指业务专长（包括自己的其他长处）。了解自己的长处，有利于在求职时扬己所长、避己所短。

天赋智能是父母给予的，它也是实现职业理想的重要影响因素。不同的人的天赋是不一样的，求职前应了解自己在计划能力、设计能力、组织能力、控制能力、口头表达能力、文字表达能力、领导能力、决策判断能力、预见能力、创造能力、随机应变能力、瞬间判断能力、适应能力等哪个方面有天赋。正确评估自己的能力类型和能力倾向，对于选择职业和取得事业成功有重要意义。比如，组织能力强的人适合做领导管理工作；语言表达能力强的人适合教学、宣传及律师工作；研究能力强的人适合搞科研；有表演的天赋，瞬间判断能力和随机应变能力强的人，则适合去竞聘电视节目主持人。许多人成功的诀窍就在于善于发现自己的长处，选择最能使自己长处得到充分发挥的职业。

经过几年专业训练的大学生，一般都拥有一定的专业基础知识，有的甚至形成了自己的业务专长，所以在确定职业理想、选择职业岗位时，一定要注意选择能够发挥自己专业特长的工作，若弃长就短，做自己不擅长的事情，就会觉得很痛苦，也难以取得成功。

有人一提“专长”二字，就说“我无一技之长”。其实，正确认识自己既不能夜郎自大，也不能妄自菲薄。没有什么事都不会做的大学生。从高科技到一般行业，在这中间存在着许多技术程度不同的工作，都需要有不同技术程度的人去做。操作精密仪器是一种能力，为慈善社会团体募捐也是一种能力，打字、速记、演奏等，都是社会需要的能力。所以，应善于挖掘自己的能力专长，这样不但能明确自己应该找什么样的工作，而且能在应聘时很容易地说出进入这家公司的目的以及如何在公司贡献自己的专长，就能在面试中给面试官留下好印象。

历史名人故事

钟繇习书

【传统故事】三国时期有个著名的书法家叫钟繇（yáo），他是楷书的创始人。钟繇小时候聪颖好学，酷爱书法艺术。他经常不分白天黑夜、不分场合地点练习书法。功夫不负有心人，经过坚持不懈的努力，钟繇终于成了一代书法名家。后来，有人登门向钟繇请教书法秘诀，钟繇笑着说：“我哪有什么秘诀啊！我只不过是比别人更加努力一点，付出的心血更多一些罢了。”

【名家介绍】钟繇，三国时期曹魏著名书法家、政治家，被后世尊为“楷书鼻祖”。

钟繇对后世书法影响深远，王羲之等后世书法家都曾经潜心钻研学习钟繇的书法。他与东晋书法家王羲之并称为“钟王”。

【人生感悟】天道酬勤。看到别人的收获，我们正确的态度应该是“临渊羡鱼，不如退而结网”。在校大学生应把握好青春年华，不负这大好时光，不虚度生命。

（三）清楚自己的兴趣

兴趣是人们积极探究某种事物的认识倾向。职业兴趣是坚信某种职业的正确性，并确立目标、克服困难，努力实现目标的意向。

兴趣爱好是一个人事业成功的重要条件。研究表明，对自己所从事的工作有兴趣的人，不但能发挥出自己才能的80%～90%，并能长时间高效工作而不感到疲劳，从而出色地完成工作。随着经验的丰富、能力的提高，还有可能迸射出灵感的火花，从而在工作中有所发明和创造。反之，如果从事不感兴趣的工作，就不会产生热情，精神与身体都容易疲倦，效率就不高。因此在求职之前，每位毕业生都应该重新认识自己的兴趣，应该避免不顾自己的个性、专长和兴趣，一味地贪求眼前的就业机会的倾向。否则，日后可能会因为对所做工作不感兴趣而产生疲倦感。

当然，我们也应该认识到，兴趣、爱好的广泛性、无限性与社会所提供的职业类别、数量的有限性之间，存在着较大的反差，不可能你有什么样的兴趣、爱好，社会上就有什么样的职业与之相对应。所以，在个人意愿同社会需求两者的关系上，往往不是个人意愿决定社会需求，而是社会需求决定个人意愿。如果忽视这一点，总把“我喜欢干什么”置于社会需求之上，就会陷入择业的误区。

那么，如果你不能得到自己所喜欢的职业，只能暂时从事与自己的兴趣并不吻合的工作，怎么办呢？首先，要树立“先就业、后择业、再创业”的观念，为了生存，要珍惜已经得到的工作，“既来之，则安之”。其次，要自觉培养对现有工作的兴趣，不能“身在曹营心在汉”。兴趣是可以培养和改变的，以积极的态度去做那些当初你感到并不可爱的工作，天长日久你就会改变对现有工作的态度，从而认识到从事此项工作对你的意义，兴趣和爱好也就随之而来。

二、了解拟应聘组织的情况

求职时“知彼”也非常重要。“知彼”就是了解社会需求和拟应聘组织的情况。求职者必须了解就业市场的现状，了解用工单位的招聘要求和企业风格，知道自己是否符合其要求，是否具备该项工作所需的专长，并以此来调整自己，把握自己的长处，使自身条件和用工单位对应聘者的素质要求相吻合。

现在社会组织招聘人才的方式越来越多。面对各种各样的人才市场、洽谈会和招聘广告，大学毕业生应该多加了解，慎重对待。

作为应聘者，应该尽可能地了解招聘单位的以下情况：它是什么性质的企业？成立于哪一年？在什么地方？递交应聘申请的地址与以后工作的地点一致吗？有多少雇员？人员的构成情况如何？年营业额是多少？在股票交易所上市吗？如果是，股票价格是上升的还是下降的？它处于扩展的还是缩小的行业？总裁叫什么名字？近期有影响到它的政治和经济事件吗？应聘者应该向谁提出申请？等等。

通过了解这些，我们可以对对方的情况有所把握。这样做可以避免费了不少力气被某企业聘用，结果发现这个企业存在这样或那样的问题，很不理想，只能辞职，浪费时间和精力。

另外，择业时应选择一个长期、稳定、有发展前途的职业，而不要仅仅看中某个企业。比如一听说现在牌子很响的某个企业招聘，就为了进入该企业而表示：只要能聘用我，干什么都行。现代社会竞争特别激烈，不可能存在总是红红火火的，能让你工作一辈子的企业。不要为了进入眼前效益很好的企业，而选择一个不适合自己的职业。

应树立正确的择业观。社会上可供大学毕业生选择的职业岗位并不少，就所有制结构看，有国有、民营和个体以及外资等；就地域看，有沿海、内地和边疆；就工作性质看，有决策、管理、业务（技术）和服务等。面对这些不同的职业、岗位，要想求职成功，必须更新观念。

要看到在私营、个体经济中选择职业岗位同样大有作为。一般说来，大学生就业往往喜欢进大城市、到国有企业。的确，国有企业经济实力雄厚，管理先进，又大多处在城市，其物质、文化生活条件优越，有利于青年的发展。但是也应看到那里人才较多，对应届大学毕业生的需求量较小；而且大学毕业生即使能应聘到那里，往往也一时不能发挥很大的作用。私营、个体经济则一般人才较少、技术力量较薄弱，大学生到了那里更容易找到施展才华的舞台，所以，不应放弃在私营经济和个体经济中选择职业岗位的机会。

要到最能发挥自己才智的地方去工作，不应对边疆、农村望而却步。由于历史的原因，一些边疆地区相对于内地、沿海而言，还比较贫穷落后，但那些地区有丰富的自然资源，面积辽阔，待开发的地方很多，对人才的需求很大。尤其现在国家十分重视西部大开发，有志者可以到那里去施展才华。相对于城市而言，农村还比较落后，生活、生产条件比较艰苦。但要想逐步消灭城乡差别，必须大力建设新农村。所以，有胆有识的大学毕业生如果到农村选择职业岗位，从头干起，也有利于自身的发展。

三、做好应聘的准备

求职应聘之前，还应该做好以下准备。

（一）心理准备

1. 有迎接挑战的勇气

这种勇气是以人格的自尊和深刻的自省为前提的。一个人充满自信、懂得自爱，才会在主考官面前临阵不乱、对答如流。

要有遭受挫折的心理承受力。不少人在应聘时过于紧张、怯场，往往是心理压力太大造成的，他们总怕求职失败，使自己丢面子。其实，一次或几次应聘失败是很正常的，即使你在应聘中被一个条件不如你的人挤下去了也是完全有可能的。因为这里面有很复杂的原因，所以，既不要在应聘前对成功与否考虑得太多，也不要因为一次失利而沮丧，甚至产生挫败感，失去再次尝试的勇气，而应该百折不挠、锲而不舍。

2. 有应对各种招聘考试手段的精神准备

有些公司在招聘工作人员时，花样翻新，手段百出，以考查应聘者的道德品质、聪明才智、应变能力、管理水平、业务技能等。所以，应聘者事先应了解一些招聘测试方法，做好应对的精神准备，并培养自己的应变能力。

3. 进行“考前预演”

一位颇有经验的求职者说：“面谈前，如果你花上一定时间进行‘考前预演’——认真地研究面谈中招聘者将要提出的种种问题，那么你获得应聘成功的机会就会大大增加。”在进行考前预演时，你应该学会“换位思考”——把自己想象成招聘者，然后问自己：“这个候选人（也就是你）值得考虑吗?”“这个人（你）在哪方面强于我所面试过的其他人呢?”这个过程其实也是你对自己不断深入了解的过程。你对自己了解得越多、越彻底，你就越能及时、有效并充满信心地去面对招聘者，你在面试过程中的心态也会更好。

（二）物质准备

应聘前还应当准备好求职所需要的种种材料。

1. 个人简历

求职材料中最常用的是简历。一份吸引人的简历，是获取面试机会的敲门砖。所以，写一份“动人”的简历，成了求职者首要的工作。

（1）特点。

简历具有规范性，即格式有一定的规定性和程式化；客观性，即实事求是，不能弄虚作假；简明性，即内容扼要，去除套话，条理清晰，简洁明了。最好压缩成一页纸，即使你的经历很丰富，非写不可，也不要超过两页，而且此时也应该用对开的纸写，使两页的内容展现在一个平面上。

（2）构成要素。

一份好的简历要表明四个“W”和一个“H”，即 Who（你是谁）、Where（哪里人）、When（什么时候毕业）、What（你能干什么）、How（你干得怎么样）。

（3）基本结构。

1）标题：个人简历。

2）正文。

基本情况介绍：姓名、性别、年龄、学历、毕业学校、所学专业、家庭地址、电话号码等。

学历情况概述：学习历程、在校期间获奖情况、专业技能、爱好和特长、参加过的社会实践活动、所任职务、承担的任务等。

工作经历：曾经工作过的单位名称、职位、个人工作成绩、培训或深造情况、工作变动情况、职务升迁情况等。

以上各项中自己没有的项目不写。当然，因个人情况不同，个人简历的写法也是多种多样的。

（4）写作技巧。

1）安排好版面。简历应简短、清晰、美观。在内容安排上，要把主考官想要看的内容写在前面，把不太重要的内容放在后面。要逆着时间顺序列出所有相关的学历和工作经历。经历中的重要内容可以改变字体，如用大号的字体书写你曾经从事的职位和获得的各种证书的名称，以求醒目，使主考官一眼就能看到。另外，用词和书写要规范。

2）省略代词“我”。简历就是介绍自己的经历，所以句子中动词的主语就是“我”，倘若每一句话都加上“我”，就显得多余。

3）侧重点与用人单位的要求一致。分析不同用人单位对求职者考察的侧重点，可以使我们有的放矢地写简历。比如，由于各个国家的经济文化背景不同，欧美人侧重于考察人的学历、专业技能、语言能力；韩国、日本人则侧重于考察求职者的贸易业务能力与敬业精神。再如，生产性的企业，强调求职者的专业技能；贸易性的公司则强调求职者的外贸知识。所以，最好不要把一种简历复印成好几十份，送给不同国家、不同行业的企业。而应具体对象具体对待，灵活机动地写作设计各种侧重点不同的简历。

4）突出实践活动与专业能力。在简历中应列出求职者所参加的社团活动以及所得到的实际锻炼。例如，你曾任某高校学生会的文艺部长，主持过较大型的文艺晚会；你曾利用假期游览祖国的大好河山，实地做了不少考察、调查；你曾到一家单位实习，承担了一部分重要工作，得到了领导的好评，也学到了不少东西；等等。此外，你还可以用描述的语句说明学校培养了自己哪方面的能力，今后自己在什么方面能做得很出色。注意撷取你认为招聘单位可能会感兴趣的部分列出来。

5）用定量化语言。写自己的成就时最好用定量化语言。简历中的具体数字越多、具体事实越多，和你所求职位相关性越强，传达的信息就越明确、越有说服力。

个人简历示例

<table>
<tr><td>姓　名</td><td></td><td>性　别</td><td></td><td>出生年月</td><td></td><td rowspan="4">（照片）</td></tr>
<tr><td>民　族</td><td></td><td>籍　贯</td><td colspan="3"></td></tr>
<tr><td>学　历</td><td></td><td>毕业学校</td><td colspan="3"></td></tr>
<tr><td>联系电话</td><td colspan="5"></td></tr>
<tr><td>教育经历</td><td colspan="6"></td></tr>
<tr><td>社会实践</td><td colspan="6"></td></tr>
<tr><td>培训情况</td><td colspan="6"></td></tr>
</table>

职业资格证书	
获奖情况	
特长	

2. 自荐信

(1) 特点。

自荐信与个人简历的不同之处在于，简历可以同时发给多个单位，而自荐信则只给一个特定的单位，甚至是一位主管人，所以针对性很强。在自荐信中，你必须提及该单位，一方面表明你对其很感兴趣，另一方面也给对方一种亲近感和自豪感。简历的语言一般比较冷静客观，而自荐信的语言则充满感情色彩，所以更富有人情味，能够与对方进行一定程度上的情感沟通。从内容上看，自荐信一般比简历要丰富得多。如在自荐信中，你甚至可以谈谈自己对该单位前景的看法，提出一些建设性意见，说明自己将来能在该单位完成什么样的任务。显然，你能承担的任务如果是有创新性的，你便会从众多的应聘者中脱颖而出。

(2) 基本结构。

1) 标题。先在信纸第二行的正中写好标题“自荐信”。

2) 称谓。在信纸第四行顶格书写对方单位及主管招聘部门的名称，写给领导个人的可写“尊敬的×经理”。

3) 正文。

第一段：简单介绍一下自然情况（如后面已附简历，开头可以说自己从什么地方看到或得知对方的招聘消息，对此很感兴趣），然后说明写信的目的：申请的职务名称或工作类型。

第二段：解释你对这一工作产生兴趣的原因，并具体说明你希望得到该工作的理由（这一段很关键，要描述你的能力、专长和已取得的成绩）。

第三段：再一次表达你的愿望。若你随信附上了一些材料，还可提醒对方去翻阅。

(3) 写作技巧。

1) 明确求职目标。在信的开头必须明确地告诉对方，你想应聘什么工作或职务，不能模棱两可，或说自己什么都能干。同时，也要在信中表达出你对自己所希望从事的工作的热爱之情。例如你是学文秘的，到一家公司应聘做秘书，就可以在信中表达你对秘书工作的热爱，谈它既与你的专业相符，又适合你的性格和爱好；而到一家企业应聘做公关人员，则要谈自己对公关工作的喜爱以及自己已具备的公关方面的知识和能力。这样有的放矢地去写作效果会好些。当然，你对自己所求的职业的这种喜爱应该是发自内心的，因为只有这样你才会对自己所应聘的单位充满热情。如果你根本不喜欢文秘工作，但是因为当时找工作较难而又有单位在招聘文秘人员，你担心找不到其他更好的工作而递上了自己的自荐信，这样你心里自然不会很舒服，自荐信中的措辞也难以激情洋溢，你写出的对文秘工作的喜好可能也是干瘪的，缺乏说服力和感染力。

2）注意书写格式。自荐信实际上是你给招聘者的“第一印象”。一封格式不对、词不达意、逻辑混乱、字迹潦草的自荐信，必然会给招聘者留下不好的印象。如果是到外企应聘，还要按照外国人写信的格式书写。如果你的字不太漂亮，可以把自荐信打印出来。打印时，对标题及正文的安排要规范，使其看上去整洁、清晰、漂亮、大方。如果你写有一手漂亮的书法，不妨自己手写自荐信，但是一定要用楷体或行书，而不能用龙飞凤舞的狂草。

3）实事求是。在自荐信中介绍自己的学历、爱好、特长、工作经历和所取得的成绩时，既不能自吹自擂，也不必谦虚客气，应该实事求是地介绍自己的长处和成绩，写得有根有据、入情入理。例如：“在老师和同学的帮助下，我成功地举办过几次学术沙龙；在学校的支持下，曾组织同学外出考察，写出的调查报告深得当地政府和学校老师的赞赏。由于同学们的信任，我在竞选学生会主席时，获得了最多的票数。我相信，在未来的工作中，我会依托领导和同事的力量，充分发挥自己的组织能力和号召力……”这样写就会让人觉得你这个人能干而不自傲，踏实而不轻浮。

对业余爱好方面的长处，最好不要用浓墨重彩，以免喧宾夺主，把你专业上的才能冲淡了。也不能为了应聘成功而说假话。例如你没有当过学生会主席，为了表明你有组织才能，把自己说成是学生会主席，这是一种欺骗，一旦被用人单位发现，对你有百害而无一利。当然，如果你虽然没有直接从事过某项工作，但从事过相关的工作，自认为技术已经接近这项工作所要求的水准，你可以适度提一下。例如：“我没有设计过书籍的封面，但曾设计过笔记本的封皮，我想两者应该是相通的。”另外，自己的缺点和现在还不具备的素质，最好不要在自荐信上提及。

4）用词要规范、简洁。自荐信也常常要说明自己的背景和经历，这与个人简历有类似之处，只不过写简历时，重在条理分明，而自荐信如果也这么写就有点像开中药铺了，所以应该用合适的关联词句把各部分内容有机连接起来。当然，如果自荐信后附简历，就不用再罗列经历，而应重点介绍自己与所应聘职务相关的突出方面。此外，还要用规范的书面语，避免使用俗语、俏皮话或网络流行语，也不能堆砌辞藻，像写诗歌散文般地抒情，应该使用简洁的语言、简单的词语和客观的语气。

自荐信示例：

自　荐　信

××银行：

我叫×××，男，××省××市人，今年22岁，所学专业是国际金融。以本人所学知识及爱好，我想应聘到贵行从事涉外银行业务工作。

××××年我以优异的成绩考入××大学，获新生一等奖学金。在大学期间，我努力学习，积极进取，系统学习了国内外经济理论知识（所学科目附后），成绩在班上名列前茅，多次获校三好学生称号。我的英语已通过国家六级考试，专业英语成绩突出，能熟练翻译专业英文资料、书籍，熟悉英文商业书信及电报、电传的使用。口语较流利。选修过日语，并能借助字典翻译日文资料。文字功底扎实，语言表达能力强，通晓经济类文书写作。

我还有意识地把所学专业理论知识与实践结合起来，参与了中国人民银行组织的《现代金融大辞典》的编写工作；在假期曾多次外出考察，到过四川北部、长江沿岸经济带、广东南部经济开发区、鲁东南等地区，开阔了视野，增加了对社会的感性认识；××××年夏在广东省外贸局实习期间，写出了具有一定水平的报告（实习单位鉴定附后）。

除学好专业课程以外，我还选修了历史、地理、艺术、哲学、管理学等方面的课程并取得优秀成绩。我爱好广泛，身体健康，犹喜远足、运动、摄影。

我热心公务，中学期间便长期担任学生会、团委及班级干部，组织能力较强。大学时期先后在学生会生活部、实践部担任职务，曾多次组织书法、绘画、舞蹈等培训班，并曾计划、组织、安排过外出考察活动。

企盼贵行给我一次施展才华的机会。我的联系电话是：139××××××××

此致

敬礼

×××

××××年×月×日

3. 自我介绍稿

大学毕业生求职面试时，经常会遇到被招聘单位要求作 1～3 分钟自我介绍的情况。招聘者或是把它当成筛选应聘者的第一关，或是作为面试时的第一个问题。无论哪一种情况，其目的都是相同的：既是为了了解应聘者的基本情况，又是为了考查应聘者的综合素质尤其是口语表达能力。所以，在求职前准备好自我介绍是非常重要的。

那么，怎样写好自我介绍呢？一般来讲，应该注意以下方面：

（1）针对性强。自我介绍中，既可以写才，也可以写德，如“我有吃苦耐劳、要做就做得最好的实干精神”。才能方面既可介绍专业知识技能，也可涉及其他知识技能及业余爱好等，当然，所写爱好应对自己应聘的工作有利。此外，还可以谈应聘的原因，如：“我的父母是从事商业工作的。受他们的影响，我从小就对市场营销很感兴趣。”但是要记住一点，一定要针对用人单位所需介绍自己，否则说得太多会适得其反。

（2）突出优势。在自我介绍时一定要突出自己的优势。即根据应聘职位（务）的需要，谈自己符合招聘要求的最突出之处。如：“我的特长是电脑和外语。电脑方面，精通××、××语言，对××、××等网络编程技术也略知一二。外语方面，能熟练地使用英语和日语与人交流，并且通过了国家日语×级考试。”在应聘某些计算机公司时这样介绍自己，就很可能受到青睐。

（3）条理清楚。自我介绍的一般顺序是：1）自己的基本情况；2）为何选择此专业或为何应聘该职位；3）认为自己能够胜任这一职位的理由，如学识、经验、成就、爱好等；4）表达任职后的设想或决心，也可再一次表达自己想得到这份工作的愿望等。当然，这一模式并非一成不变的，可以根据具体情况灵活安排，但无论如何都必须条理清晰、逻辑性强。

（4）注意礼貌。作自我介绍时，开头的称呼要正确。如不知道主考人的身份和姓名，可称“各位主考官”；如已知道，则也可称“×经理”“×先生”等。称呼之后要说：“大家好”或“您好”。单独的自我介绍结束时，一定要说“谢谢”。另外，在自我介绍的过程中，用词和态度也应有礼貌，表现出对对方的尊敬。

（5）叙议结合。自我介绍应以叙为主，但介绍一方面的情况之后（也可以在这之前）最好有一句小结式的议论。如：介绍自己担任学生干部，组织过不少活动后，总括一句：“这锻炼了我的组织协调能力”（也可先说“我有较强的组织协调能力”，然后再举例说明自己担任什么干部，组织过什么活动）；参加过辩论赛取得了好名次，则说：“这次辩论赛增强了我的语言表达能力，使我更加自信”；介绍自己除学好专业课外还学习了其他方面的知识，取得了一些证书，就总结说“这些为自己成为一个适应各种岗位需要的复合型人才打下了良好的基础”；等等。

（6）不要太长。单独的自我介绍要求讲1～3分钟，一般讲2分钟左右（每分钟150字左右）即可；面谈时介绍自己则不要超过2分钟。太长容易使人厌倦，效果反而不好。所以，写自我介绍稿时，应选择自己最突出的方面来谈，另外注意语言精练、通俗易懂。

（7）结尾高昂。单独的自我介绍，既要靠自己的优势打动人，也要靠自己的情绪感染人。尤其在结尾时，更应情绪饱满、感情激昂。如“我认为自己有能力做好这份工作。如果公司聘用我，我将用我的勤奋和智慧为公司多做贡献，通过努力工作实现自己的人生价值。”又如：“虽然我没有令人炫目的学历，也没有令人折服的工作经验，但我有积极向上的人生态度，我想，如果给我机会，我一定会为公司贡献出自己的一分光和热!”这样的结尾一般更易给人留下深刻的印象。

（8）目标鲜明。当招聘单位招聘的是多种岗位的人时，在自我介绍中必须说明自己应聘的是什么职务（职位）。如“我叫×××，毕业于××大学××系，我应聘的是贵公司的经理助理一职。”如对方只招聘一种岗位，也可强调自己的某些优势对从事这一工作非常有利。

（9）处理灵活。在写自我介绍时，可以先写得稍长一点，把各方面的情况一点不落地介绍出来。然后在实际应聘中，再根据所应聘的职业（职位）需要对原稿进行删节，以突出做好这一方面工作的优势。

自我介绍示例：

各位主考官：

大家好！

我叫×××，是××职业技术学院××系××专业的应届毕业生，今天来应聘总经理办公室秘书一职。我十分喜爱这个职业，认为自己胜任该职的理由有四点：第一，我有较强的口语表达能力，曾在大学和中学的校级演讲比赛中两次荣获一等奖；第二，我有很强的写作能力，在中小学读书时就曾三次在省级作文比赛中获奖，上大学后经常给一些报刊投稿，已有两篇稿件被省级报纸采用；第三，在校期间，我曾任辅导员助理，有做管理和助理的实际工作经验；第四，我性格外向，交际能力强，在人际交往中能够熟练运用公共关系技巧，持有中级公关员职业资格证书。

我期待着贵公司给我一次实现梦想的机会！

谢谢大家！

（三）应聘形象准备

这里的形象主要是指人的着装打扮。应聘者的服饰在开门进去的一瞬间就会给招聘者留下深刻的第一印象，所以说，懂得着装的艺术，其作用绝不亚于一封推荐信。因为一般说来，你的履历只给主考官三分之一的印象；你滔滔不绝的口才也只占他们对你印象的另外三分之一；剩下的三分之一就是你的着装。要是他给你的装束打了满分，你成功的把握就更大了。所以求职者不可不做好这方面的准备，以期一开始就给招聘者留下美好的印象。

应聘者的着装无一定之规，应根据自己的身高、体形、气质全面考虑，使服饰得体，这有助于你在心理上产生自信，也表示出对主考人员的尊重，以及对应聘的重视。一般说来，应聘前一周要去剪一款适当的发型。面试时，女士宜着深色制服、套裙、套装、连衣裙，其中尤以西式套裙、套装为佳。男士应选择中、高档次的上下同色同质的西装，并配以与其色调协调的衬衣、领带、皮鞋。总之，要让自己的服饰传达出这样的信息：你谨慎大方、精明能干、办事认真可靠。

当然，由于个人的喜好不同，所应聘的职业不同，要求着装上整齐划一也是行不通的。所以在应聘前，必须了解你要应聘公司的文化或工作环境，然后根据应聘公司环境及工作性质来选择与其相符合的装束。例如，如果你应聘的是重视传统和规矩的银行、大企业的管理工作，那么，就应该穿传统服装：深灰色西装，白色或蓝色衬衫，单色、条纹或几何图形的领带，乌黑锃亮的皮鞋。相反，如果是推销或技术性工作，那么穿着上不那么传统也无妨。如果你是去广告公司应聘企划工作或设计工作，过于保守的正装可能反而不利于你的成功。

不管穿着传统正规还是随意，有一点要求却是相同的，那就是衣着打扮要端庄、整洁，绝不能衣冠不整、不修边幅。例如，头发乱而长，或染成火红、金黄色；胡子不刮，指甲嵌有黑泥，T 恤衫内外不分地穿，外衣扣子没扣全，袖口上纽扣快要掉下来了，裤子上残留着油渍，裤管卷得一长一短，穿与套服颜色不协调的袜子和蒙着灰尘的旧皮鞋，趿拉着拖鞋，等等。任何企业和单位，都不会欢迎这样的应聘者。此外，衣服的质量应该好一点，因为招聘者能通过衣服质感、衣角袖口的收尾缝合、整体的协调均衡等看出你所穿服装的质量，进而对你形成这样或那样的印象。因此，即使不必穿高级名牌服装，也不能穿特别廉价的衣服。

不能着奇装异服和浓妆艳抹。应聘者最好是以一个比较大众化的形象出现在面试考场，不可标新立异、哗众取宠。有的女大学生应聘时穿着打扮太贵族化，衣服华丽，浑身珠光宝气，香气四溢，给人一种华而不实的印象。其实刚毕业的学生应该以整洁、干净、得体、让人赏心悦目的形象出现在招聘者面前，如有些女孩，留着挺精神的短发或扎着清爽的马尾，面部化恰到好处的淡妆（稍稍描描眉，画画口红），显得精明干练、清新脱俗，这样就很好。有一位长期从事公司人事组织管理的人曾说："在穿着打扮上，大学生有一些误区，比如一些女学生，穿着料子很高档、样式很正规、颜色很老气的职业妇女装来面试，头发、饰品、妆容等很明显地以已工作的女性为标准。我工作这么多年，周围都是这一类女性，没想到刚出校门的学生变得也这么快，我都怀疑她们是否能给公司带来清新之气了。"他的话反映了一部分招聘者的喜好，所以也值得大学毕业生们在应聘时注意。

总之，穿着合适、打扮得体也是推销自己的重要方面。

第二节 应聘中的礼仪与技巧

他山之石

在人才市场的招聘会上，某企业对前来面试的一名个头高挑、容貌俊俏的女孩有好感。面试的最后一个问题是："你最不喜欢做的事情是什么？"那位女孩回答："我最不喜欢做琐碎的事情。"最终这位女孩落选了，被留用的是一位个头不高、相貌普通的女孩。她对这个问题的回答是："对于工作，我没有特别不喜欢做的事情，只要需要，我都愿意去做。"

小组讨论：

外貌很占优势的女孩却落选了，这告诉我们什么道理？

一、面试中的礼仪

在应聘中，要想展示自己的风采，给招聘者留下美好的印象，就不能不注意礼仪。

（一）见面和告别的礼仪

1. 严守时间

即在约定的时间到达，一定不能迟到。一旦不能及时到达，至少要在一个小时前与应聘单位联系。

2. 入室敲门

进屋要敲门，室内的人喊"请进"，才能轻轻推门进去。进门后，侧身将门轻轻关好。有一位求职者去某公司应聘时，外面等了很多人，面试叫到谁，谁就去经理室。叫到她时，她在门口敲门问："我可以进来吗?"经理说："可以。"她才进去。结果她被录用了。过了一段时间，她与经理熟了，就问他是看中了自己的什么优点。经理回答："说老实话，你哪一点都不比别人强，我看中的，是你进屋时敲了门。敲门说明你懂礼貌，而懂礼貌说明你有教养，有教养的人即使不能在公司大有作为，也不会给公司制造乱子。"这个事例告诉我们在应聘中一定要注意敲门之类的小细节。

3. 进门问好

进门后要问好，有时还应作简明扼要的自我介绍。进门后，应聘者应首先以亲切、自然的语调向对方打招呼："您好!""各位好!"或说："您好！我叫×××，刚从××大学毕业，来应聘'销售助理'一职。"如有名片，可在简短的自我介绍之后双手递上自己的名片。

4. 非请勿坐

进门后，如果对方说"请坐"，你要先目视对方，微笑着说"谢谢"，然后再走向指定的位置，轻轻落座。如果对方没说"请坐"，即使屋里有椅子，也千万不要径直走过去坐下，而应站着和面试者讲话。

5. 称呼恰当

得体的称呼不仅能体现称呼使用者的内在素质，而且能"诱发"被称呼者对你的关注——这种关注往往能转化成一种鲜明的感情色彩。据说，在应聘中能始终记住招聘者姓名并能得体而频繁地使用"×先生（女士、小姐)"的求职者往往容易博得对方的好感。应聘属于正规而庄重的交际活动，因而应使用正式而规范的称呼，一般对男性称"先生"，对女性则依其年龄、婚否而称其为"小姐""女士"；知道姓氏的话可称"×先生""×小姐"，而不能直呼其名，也不要称"×经理先生""×秘书小姐"等。

6. 勿先握手

正式面谈时，常见的礼节是点头微笑致意。所以，不管是进门后还是告辞时，应聘者都不应主动伸手与对方握手，而应采用微笑、点头等形式向对方表示尊敬和友好。当然，如果对方先伸出手来，我们也应该热情相握。

7. 礼貌告别

结束面谈时，无论面谈的结果如何，都应礼貌地向对方说一声"谢谢！再见!"。然后走出房间，轻轻把门关好。

（二）其他应注意的问题

1. 站、坐端庄

“站有站相，坐有坐相。”在面试时更要注意姿态。在应聘面谈中，应聘者正确的站姿是：两脚自然分开为两拳左右距离，身体重心聚在两脚上，双臂自然垂下（女同学也可双手相握，放在腹前），挺胸抬头，两眼平视。这种站姿表现出来的是一种力量、自信与朝气。应聘者正确的坐姿是：轻轻落座后，上身自然挺直，双手五指自然弯曲很随意地放于腿上，也可以把手指轻轻地相交，或一只手轻握着另一只手。身体微微向前，男士双膝保持距离，女士膝盖以上并拢。头正，眼睛注视正前方。

2. 面带微笑

微笑是人间最美好的表情，具有打动人心的力量。应聘是在向招聘者推销自己，所以作为应聘者，你可以没有可炫耀的学历，可以没有可自豪的经历，但是你不可以没有笑容。记住，你亲切自然、充满魅力的微笑最能打动对方。

3. 举止得当

面谈时，手势宜少不宜多，动作幅度也不宜过大。更不能跷着二郎腿，或把腿伸到主考官桌下去。头要保持端正，在点头表示赞同或摇头表示意见相左时，动作幅度也要适度。要正视对方，神情专注，表现出你的自信，千万不要目光游离，给人一种不踏实或不诚实的感觉。

4. 不卑不亢

不要把求职理解成是在“求人”，否则就会产生一种“自卑”感，或曲意逢迎对方，看主考官的脸色说话；或说出很不自信的话，如“我没有经验，干了以后慢慢学吧”。当然，也不可自傲，说话随便、咄咄逼人，甚至打断对方的话，说些显得很傲气的话，如“这个工作你给我干就是找对人了……”“这个问题你问我可问着了……”等。自卑和自傲都是难以给人留下好印象的。

5. 语速适中

一般说来，面谈中的回答可能或是介绍自己的一些基本情况，或是谈谈对公司前景的看法、建议等，所以，中等语速就可以，用不着在语调上慷慨激昂，在语气上抑扬顿挫，在语速上做大的变化。如果是平时说话习惯于快如机枪或慢条斯理的人，面试时就应该调整好语速，就像你平常回答老师提问时那样，做到不快不慢。

6. 答为所问

面谈时一定要听清楚对方的问题，然后紧扣问题干脆、简洁地回答，并能抓住要点。不节外生枝，不寻根探底，并且千万不能答非所问。如，学计算机专业的小杨应聘浙江一家私人公司驻广州办事处营销代表一职。在面谈中，部门经理问："你为什么选择营销行业呢?"小杨回答："其实我也想找个销售计算机的行业，由于至今没有找到，所以我就来到贵公司了。"经理又说："我想问的是，你是学计算机专业的，怎么会喜欢上营销代表这一职位呢?"小杨说："因为我个人认为贵公司的发展前景很不错。我想多向你们这些前辈学习，毕竟自己还是年轻人，有的是时间和精力……"显然，小杨两次都是答非所问。所以，即使是回答你认为比较容易的问题，也千万不可丧失警惕，忘乎所以。另外，还要注意使你的非语言（如表情、眼神、动作等）所表达的信息与你用语言表达的意思一致。因为，当你的语言和非语言信息表达的意思不一致时，人家更相信你的非语言信息。

二、应聘者回答提问的策略与技巧

在面谈中，当主考官提出一个问题后，你在脑子里应该赶快反应对方提这个问题的意图何在、如何回答更符合对方的心理预期。因为对同样一个问题，不同的回答留给人的印象是不一样的。所以，应聘者应该掌握一些回答问题的策略与技巧。

（一）具体举例

在主考官问某些问题的时候，只回答一个或几个抽象空洞的形容词，往往会使对方感到单调、乏味，难以对你产生好感；而如果你在抽象的概括之后，能举事例来说明你所具有的能力、素质，或你的优缺点等，就会使自己变成一个"个性突出""富有情趣""充满活力"的人，招聘者就会对你留下很深的印象。

例如："你认为自己的长处是什么?"

甲："头脑灵活。"

乙："头脑灵活。比如业余时间我曾经兼职推销产品。一次我到一家公司去推销产品。一进门老板就厌烦地挥手撵我出去：'不买，什么都不买，快走，快走!'我看到公司门口放着一堆发黑的香蕉，就说：'老板，咱们能不能做一个交易，我把你门口的香蕉推销出去，你就买我的产品。’老板不相信地问：‘你能把门口的香蕉给卖出去？’‘对。’老板爽快地说：‘行，成交，你卖出去，我就买你的产品。’结果，我和在果品厂工作的同学联系，卖到他那里去做香蕉干，老板很高兴，买了我不少产品。”

显然，乙的回答比甲更生动有趣、更易打动人。这里的奥妙就如同商品推销术一样，光说商品好是不行的，还要具体地说出商品好在哪里，否则再好的商品也难以打动顾客。

“具体举例”虽好，但一定要用得恰当，不能滥用。像“你最不喜欢什么样的人”这类问题就不适合用“具体举例法”，而应该用抽象概述法：“我不喜欢那些损人利己的人、口是心非的人、待人势利的人。”另外，在举例时不要做冗长的表述，也不能不理睬主考官的引导，只顾自己讲。

（二）突出个性

“个性鲜明”的语言才会给人留下深刻的印象。回答问题如何做到个性鲜明呢？

“具体举例”可以表现个性，此外，还可以艺术地运用袒露自己真实思想的方法，怎样想（做）就怎么说（一些敏感性问题需把握好分寸），但要注意总体给人的感觉要积极向上。例如：在回答“喜欢出差吗”时，你如果不喜欢出差的话可以直言：“坦率地说，我不喜欢出差，因为从一地到另一地去推销商品并不是一件惬意的事。但我知道，出差是商业活动中的一个重要部分，也是推销员的主要工作之一。所以说，我不会在意出差的艰辛，反而会以此为荣。因为我非常喜欢推销工作。我想这一点更重要。”你这样坦诚而富有个性的回答一定会受到招聘者的赏识。

（三）扬长遮短

在应聘中对方问到答案可能对自己不利的问题时，可以采用扬长遮短的方法来回答。比如，当被问到：“你做这个工作没有经验啊？”你是刚走出校门的大学生，可以这样回答这一问题：“的确，我没有当经理助理的工作经验，但我却有整整三年的领导系学生会的工作经验。××××年，我被推选为系学生会主席，之后又连任两届。你们可以想象，管理组织近千名大学生，并非易事，没有一定的管理才能和领导艺术，是无法胜任的。所以我认为，自己虽然刚毕业，但已经具备了作为经理助理的素质和能力，我想这一点是最重要的。”这种张扬自己的长处，并把自己的长处同应聘的工作有机结合起来的回答，常常可以变不利为有利。

如果你没有工作经历，也可以谈一下在学校参加的实践活动。而学生的实践活动很少与所求职业完全一致，怎么办呢？办法就是你在列举自己参加的实践活动后，应该重点提一下你从中增长了什么见识，增强了什么能力。例如，“我在大二暑假，为××公司推销办公设备，跑了许多单位，推销出了五台计算机和三台复印机。在这个过程中，我学会了与各种人打交道的方法。”或者说：“我是学校旅游协会的主要成员之一，多次组织同学到外地旅游考察。因此，我对设计旅游路线、安排时间、联系住宿和交通、组织宿营及野炊等活动都比较熟。这也提高了我的组织能力。”

缺乏工作实践经验，无疑是许多大学生的“缺陷”。如何弥补这种缺陷呢？一是在求职中要突出你在理论修养上的功底，表明你未发掘的潜能是无限的；二是多参加一些学生社团活动，假期或业余时间出去打打工，这些活动与你以后的工作也许风马牛不相及，但从中也可以锻炼你的组织能力、办事能力。

当然，应聘者都有“短处”。如果招聘者确实问到了你的短处，如你由于学历、知识、见识与经历等方面的原因，对某个问题或技能有所不知或根本不能，也无法用“但是法”来弥补时，怎么办呢？这时最好是勇敢地承认“我不会”或“我不知道”，同时做出必要而合理的解释。尽管你没有“扬长遮短”，但是你的诚实、坦率却为你化短为“长”。

（四）虚实并用

如果把薪水、晋级等叫作“实”的话，其他关于价值观等方面的认识就称为“虚”。在回答主考官的某些问题时采用虚实结合的方法，能收到较好的效果。比如当问到“你的工作动力是什么”时，以“虚”带“实”的回答有：“我的动力主要来自以下几个方面：首先是工作本身，即我是否对该工作感兴趣，该工作是否能发挥我的特长，我是否能胜任，是否能学到新知识与技能，以及是否能得到进一步的自我发展。其次是自我价值的承认问题，即我是否能得到别人的信任和尊重，是否有进一步晋升的机会。最后是结果，即我是否能得到较高的工资和待遇等。”

（五）诚实坦率

有的应聘者求职心切，在填写申请表、简历时，往往夸大其词、自我吹嘘。其实这是很愚蠢的。有经验的主考官一眼就能看穿，并在面试时会针对疑点不断追问。结果应聘者往往难以自圆其说，搞得非常狼狈。所以最好还是诚实。例如，某三星级酒店招一名保安部长。当时，应聘的30多人中，有警察学校的毕业生、退役军人、大学生。最后入选的却是一位仅有高中文凭的貌不出众的青年。有人问何故，老总说道：“我喜欢他老实！”原来，老总发现很多求职者的信息存在弄虚作假，如假文凭、假履历等，而与这位只有高中文凭的小伙子约见交谈后，他的朴实憨厚给老总留下了良好的印象，因此老总最后录用了他。

如果万一自己在某方面给主考官留下了“不诚实”的印象，应该怎么办呢？最好的办法就是勇敢地承认错误。例如：杜小姐到通用电气公司面试，她的英语口语不是很好，于是她请人把自己的简历翻译成英语，然后背下来。面试时，主考官要杜小姐用英语自我介绍。经验丰富的主考官盯着杜小姐看了一眼，问：“你是不是事先背好的？”杜小姐一下子紧张得直冒虚汗。是否认还是承认呢？最后，杜小姐勇敢地承认了：“对不起，我是背下来的。我的英语口语不是很好，但我有足够的信心和能力把它学好！”杜小姐被留下来了，而且做得相当不错，英语也很快就非常流畅了。

当招聘者问到自己的缺点时，最好坦率地回答。这里有个反面的例子：某公司对已入围的十位求职者进行最后一轮面试，主考官问一位求职者：“你觉得自己有什么缺点？”他回答：“我工作过于投入，人家都说我是工作狂。”主考官笑了笑：“工作投入可是优点啊，说说你的缺点吧。”他继续颇为自得地说：“我是个急性子，为人古板，又好坚持原则，所以容易得罪人。另外，我还……”考官“嘿”了一声，手一挥，终止了他的谈话。这位求职者的面试结果显而易见，有谁会喜欢一个自作聪明、耍滑头、浪费别人时间的人呢？实际上，诚实地适当透露自己的缺点、正视自己的缺点，往往也是取胜的技巧之一。

（六）运用反问

一般来说，应该尽量避免让主考官重复提问，或做出说明解释。当然，如果实在没有听清楚或不理解，也不能信口开河，应委婉地反问一句：“您是问我……吗”或“不知道您想知道的是不是……”这样往往能澄清对方所问的问题，同时也充分表达了你对问题的认真态度，所以会收到好的效果。例如：郭小姐到一家市场调查公司应聘研究部人员。面试时，主考官问：“你认为其他人如何看市场调查？”这个问题相当模糊：“其他人”是指什么人？“如何看”是指认识还是评价？“市场调查”是指这一行业还是这项行为？郭小姐有点为难，于是她平静地反问道：“您是问我行业外人士对市场调查这一行业的看法吗？”主考官说：“正是这个意思。”于是，一个本来不太清楚的问题明确了。而且，郭小姐在主考官心目中留下了头脑清晰、领悟力强、善于抓住重点的印象。

中国优秀传统文化传承

国画

国画一词源于汉代，又称“中国画”，古时称为“丹青”。中国画在内容和艺术创作上，体现了古人对自然、社会及与之相关联的政治、哲学、宗教、道德、文艺等方面的认知。

我国传统绘画（区别于“西洋画”）主要指以毛笔、墨、国画颜料等，画在绢、宣纸、帛上并加以装裱的卷轴画。题材可分人物、山水、花鸟等，技法可分工笔和写意，它的精神内核是“笔墨”。国画强调“外师造化，中得心源”，要求“意存笔先，画尽意在”，强调“融化物我，创制意境”，达到“以形写神，形神兼备，气韵生动”。国画是重神似不重形似、重意境不重场景的一种画。

课后任务

一、判断题

1. 因为求职心切，在填写申请表、简历时，往往可以夸大其词、自我吹嘘。（ ）

2. 在进行面试时，回答问题不节外生枝，不寻根探底，并且千万不能答非所问。（ ）

3. 在应聘中对方问到答案可能对自己不利的问题，可以采用扬长遮短的方法来回答。（ ）

4. 不管是进门后还是告辞时，作为应聘者都应该主动伸手与对方握手，并应采用微笑、点头等形式，向对方表示尊敬和友好。（ ）

5. 在面试时，如果面试的房间里放有椅子，进屋后可直接在椅子上落座进行面试。（ ）

6. 进行应聘的面试时，进入面试的房间不需要敲门，直接进入即可。（ ）

7. 在应聘面试时穿着打扮应该倾向贵族化，衣服华丽，浑身珠光宝气，香气四溢，这样能够给面试的工作人员较深刻的印象。（ ）

8. 应聘时的穿着方式应该与所应聘的单位性质相匹配。（ ）

9. 为了能够更好地进行求职面试，应提前准备好5～7分钟的自我介绍稿。（ ）

10. 自荐信的针对性没有个人简历强，因此不需要在其中明确个人的求职目标。（ ）

二、简答题

1. 个人简历应包含哪些基本结构？

2. 在书写个人自荐信时，需要注意哪些写作技巧？

3. 参加面试，见面和告别时，有哪些需要注意的礼仪要求？

参考文献

1. 金丽娟．旅游礼仪［M］．天津：天津大学出版社，2011.
2. 李晓阳．旅游礼仪［M］．北京：旅游教育出版社，2011.
3. 梁颖，陈杰峰．旅游礼仪［M］．上海：上海交通大学出版社，2011.
4. 浙江省教育厅职成教教研室组．服务礼仪［M］．北京：高等教育出版社，2009.
5. 关少云．旅游商务礼仪［M］．广州：广东旅游出版社，2009.
6. 谷玉芬．旅游服务礼仪实训教程［M］．北京：旅游教育出版社，2009.
7. 王春林．旅游职业礼仪规范与训练［M］．上海：华东理工大学出版社，2010.
8. 陈刚平，周晓梅．旅游社交礼仪［M］．北京：旅游教育出版社，2012.
9. 徐兆寿．旅游服务礼仪［M］．北京：北京大学出版社，2012.
10. 陈姮．旅游交际礼仪［M］．大连：大连理工大学出版社，2005.
11. 任雅芳．旅游交际礼仪［M］．北京：中国财富出版社，2007.
12. 陈刚平，周晓梅．旅游社交礼仪［M］．北京：旅游教育出版社，2008.
13. 谢苏．旅游社交礼仪［M］．武汉：武汉大学出版社，2006.
14. 李欣．旅游礼仪教程［M］．上海：上海交通大学出版社，2004.
15. 陈刚平．旅游社交礼仪［M］．北京：旅游教育出版社，2006.
16. 艾建玲．旅游礼仪教程［M］．长沙：湖南大学出版社，2006.
17. 张小依．旅游礼仪［M］．北京：中国林业出版社，2002.
18. 李晓阳．旅游礼仪［M］．北京：旅游教育出版社，2011.
19. 李丽．旅游礼仪［M］．北京：中国轻工业出版社，2012.
20. 陈艳．旅游公关服务礼仪［M］．北京：北京师范大学出版社，2011.
21. 张舒哲，何霞．旅游服务礼仪与形体训练［M］．北京：旅游教育出版社，2009.
22. 胡晓娟．商务礼仪［M］．北京：中国人民大学出版社，2012.
23. 陈刚平，周晓梅．旅游社交礼仪［M］．北京：中国商业出版社，2002.
24. 李惠中．跟我学礼仪［M］．北京：中国商业出版社，2002.
25. 中国公民出国（境）旅游实用手册［M］．北京：中国旅游出版社，2002.

26. 金正昆．公司礼仪［M］．北京：首都经济贸易大学出版社，2003.

27. 舒伯阳，刘名俭．旅游实用礼貌礼仪［M］．天津：南开大学出版社，2000.

28. 刘伟．前厅与客房管理［M］．3 版．北京：高等教育出版社，2012.

29. 刘永艳，宋薇．礼仪学（上下）［M］．海拉尔：内蒙古文化出版社，2009.

30. 何山．礼仪是你最好的名片［M］．北京：中国长安出版社，2007.

31. 李道魁．现代礼仪教程［M］．成都：西南财经大学出版社，2002.

32. 夏志强，翟文明．礼仪常识全知道［M］．北京：华文出版社，2010.

33. 憨氏．礼仪培训课（上下）［M］．海拉尔：内蒙古文化出版社，2009.

34. 王琪．现代礼仪大全［M］．北京：地震出版社，2009.

35. 赵金金．学生礼仪知识手册［M］．西安：太白文艺出版社，2010.

36. 金正昆．社交礼仪教程［M］．2 版．北京：中国人民大学出版社，2006.

37. 陈玉．礼仪规范教程［M］．2 版．北京：高等教育出版社，2007.

38. 丑万涛．礼仪规范教程［M］．上海：立信会计出版社，2007.

39. 任登娟．高职电信服务礼仪课程的教学研究［J］．科技情报开发与经济，2009：17.

40. 李俊．礼仪教育在旅游管理专业人才培养的重要性［J］．华章，2010：24.

41. 毛爱华，徐明英．旅游专业礼仪课教法改进的初步探讨［J］．桂林旅游高等专业学校学报，2002.

42. 崔鸿涛．“闯关式”实训版块——对于《旅游服务礼仪》课程考核的思考［J］．当代教育论坛（综合研究），2010（5）．

43. 仲琦．如何加强高职院校学生礼仪教育［J］．价值工程，2011（16）．

44. 陈玉涛．高职旅游服务礼仪课程教学方法探析［J］．承德职业学院学报，2007（4）．

45. 李晓川．旅游院校实践性课程的教学初探——以“旅游礼貌礼仪”课程为例［J］．桂林旅游高等专业学校学报，2004（3）．

46. 胡爱娟．酒店管理专业礼仪教学中存在的问题及对策［J］．湖州职业技术学院学报，2003（3）．

47. 傅琴琴，张建宏．论高职旅游类专业的礼仪教育［J］．济南职业学院学报，2009（3）．

48. 李玲．浅议中职旅游礼仪课程教学改革［J］．科技信息，2011（24）．

49. 谭春霞．酒店管理专业职业礼仪课程改革［J］．机械职业教育，2010（12）．